AQUARIUS

AQUARIUS

AQUARIUS

AQUARIUS

Catcher

一如《麥田捕手》的主角，
我們站在危險的崖邊，
抓住每一個跑向懸崖的孩子。
Catcher，是對孩子的一生守護。

親師衝突

如.何.溝.通？達成親師生三贏

蘇明進（老ㄙㄨ老師）◎著

【特別企劃】

親師溝通時，老師的5大困境、家長的5大困境

老師的5大困境

一

孩子在學校有很多狀況，每天上學遲到、作業遲交或未交且錯字連篇、上課睡覺、一直說一些干擾課堂秩序的話、常和同學發生爭執……告知家長，家長一概官方回答「知道了」，但仍放任孩子，繼續惡性循環，發生問題才來學校要老師負責

教養孩子……

老師向家長告狀，說真的，通常效果不太大，因為孩子白天身處教室裡，家長想管也鞭長莫及。孩子的犯錯有時源自於難以抑制的內在衝動，家長只能回家後才能對孩子耳提面命。

而當家長無法有效改善孩子在學校的狀況，若老師三天兩頭就來告狀，時間一久，家長們會顯得惱羞成怒，認為老師都在針對自己的孩子。

因此，**學生在學校發生的小事件，我都在直接處理後結案；除非重大事件，或是長期無法改善的狀況，我才會聯繫家長**。在親師溝通過程中，會運用親師溝通9大招，與家長進行正向對話（請參閱P56〈孩子長期不寫作業（上）——親師溝通起手式9大招〉）。

更重要的是，我們必須持續提升自身的教學能力，確保能在教室內即時調整學生的行為，這才是我們身為教師的專業所在。

二 家長質疑老師的教學，認為自己的想法才是正確的，動不動就揚言要往上通報，還找主管傳話，私下組小團體、醞釀反對學校的氣氛……這些親師衝突讓人在教學上深感無力。

這一題，是好多老師認為最感困擾的親師衝突問題。

這主要是源於親師之間的信任不足，為了強化這種關係，教師必須要展現足夠的專業讓家長們信服（請參閱 P260、266〈當家長不信任老師〉（上、下））。

家長端這些不信任的質疑，通常與老師處理學生問題的方式有關，老師們需要小心避開親師衝突的地雷區（請參閱 P194〈為什麼孩子好好地去上學，卻受傷回來？——引發親師衝突的6大地雷〉）。同時，在**制訂班規時，應該更富有彈性，確保每條班規都是符合學生需求，並且能展現教師的專業，以贏得家長的信任與支持**（請參閱 P203〈學生午休時不肯睡午覺——班級規範引發親師大戰〉）。

三

最困擾的親師溝通問題，在於如何讓家長面對孩子需要特殊教育服務的部分。即使平時互動良好、很樂於和老師配合的家長，一旦涉及特教，家長彷彿就像變了個人……我們有特教知能，但也需要專業人員一起幫忙孩子。

當老師望向教室裡「疑似」特教生的學生時，要不要建議家長尋求專業評估？的確是一門大學問。

過去，我曾經發生過被家長質疑我對孩子貼標籤，因此改變了方式，僅是單純告知孩子在學校發生的種種狀況。通常這類家長對於孩子經常闖禍感到束手無策，也常對其他家長或老師深感抱歉，甚至會詢問如何引導孩子。

隨著時間的推移，我才會提出我的觀察：孩子並非不願意改變，而是可能受到某些無法控制的「衝動」影響，做出種種不合常規的行為。也許可以試著尋求專業評估。

如果不是，那很好，代表我們在引導孩子方面還有進步的空間；如果是的話，相信孩子自己也很困擾，想改變卻一直力不從心，應該尋求專業協助以改善孩子的衝動行為。

然而，也要**提醒老師們，不要輕易就要求家長帶孩子去鑑定，這樣反而引發家長對我們教師專業的質疑**。有時候我們認為的特殊行為，可能只是缺乏自律能力的表現。我們必須先確保我們和孩子的對話有效，並建立愛的連結，所提出的專業建議才會得到家長的接受和配合。

四 我應該要給家長我的 LINE 嗎？有時候回答家長的問題，回答到晚上十一點多，有的家長還會傳落落長的語音，到底為什麼？

可以給，也可以不給。不給 LINE 的老師，想必有其他與家長聯繫的方式。然而，保有暢通且即時的溝通管道至關重要，能夠及時疏通家長端的疑慮或情緒。

以往我都是運用臉書社團與家長互動，然而在疫情期間無法立即聯繫個別家長，最後還是提供家長我個人的私 LINE。前陣子地震發生後，我第一時間向全班家長報

平安。家長們感到安心，也感謝老師的用心與體貼。

現在，**我採取雙軌制溝通策略：運用臉書社團，作為全班家長的互動平台；同時提供LINE官方帳號，作為個別家長的聯繫方式**（請參閱P266〈當家長不信任老師（下）──邀請所有的家長加入班級FB社團〉）。**我的LINE官方帳號設有晚上十點後進入自動回應訊息模式，提醒家長此時是老師的休息時間，但我會盡快在隔天回覆訊息。**

在親師座談會時，也會再三宣導社交媒體的使用禮儀，例如：上課時無法立即回覆訊息，有急事可直接撥打電話到教室；非緊急事項，可在聯絡簿上留言或提前告知；建議避免使用語音訊息，因為需要一則一則點進去聽，容易造成訊息漏讀或誤解。

五

家長對同學及老師不信任，不管證據或證人，只相信自己小孩所說，甚至還會無中生有，捏造不實指控；有時候家長還會自己直接找對方家長私下處理……光只

【特別企劃】

是處理一個孩子和家長的問題，就覺得心力交瘁了！

現代社會持續關注霸凌議題，家長也特別關心孩子在學校是否受到霸凌。本書收錄一些處理家長提出孩子被霸凌的案例，透過同理心五步驟以協助家長紓解內心的焦慮（請參閱P43〈老師，我家小孩在學校被欺負（上）——以同理心協助家長處理孩子的人際問題〉）。

有時，孩子因為害怕或氣憤，只說出部分事實，缺乏完整的前因後果，所以在處理學生問題時，我會有以下處理學生紛爭的流程：1不在第一時間做出評論；2交叉問話，各自完整陳述；3問出前因與後果；4兩人先順一下前因後果；5雙方對話，好好和解；6讓彼此心裡舒服。

上述的**處理流程中，最後兩個步驟十分重要。其實有時候在事件當下，家長只是想為孩子討回公道，因此協助孩子們在學校修復好關係，讓彼此心裡舒服**，自然而然能平息家長端的怒火。

家長的5大困境

老師非常嚴格，孩子非常脫線。老師希望孩子按照標準格式去寫（用尺畫直式線等等），哪怕孩子的答案全是對的，格式不對就扣分。家長願意配合說服孩子，孩子也曾經努力過去達成老師的標準，但很有挫折，總是有地方不符合老師的格式標準被扣分，最後變成孩子覺得答案對就好，剩下就讓老師扣分，就是表現一副無所謂的態度。

當老師對作業要求嚴格時，通常是希望學生更加重視生活細節。一個平時做事細心的孩子，在考試時才能避免粗心，充分發揮實力。

在孩子的作業書寫方面，家長可以協助孩子更仔細地完成作業，以符合老師的要求。在繳交作業之前，多次檢查作業，相信這樣能夠更符合老師的期望，也能減少師生之間的衝突。

【特別企劃】

如果對於老師的教學指導有疑慮，其實可以向老師請教書寫的正確格式以及如此書寫的目的，並且表達孩子在書寫過程中的挫折感。透過傾聽老師的理由，請教老師的建議，也能夠傳達家長的不同觀點。

不過，在此也要提醒老師們：數學解題應該是自由、且充滿創造力的過程，讓孩子喜歡數學、鼓勵他們多元思考、保護想挑戰數學難題的學習動機，這比追求格式上的整齊更為重要。

二 想要尊重老師的教學，但心裡很不贊成，如：老師會採用罰寫的方式加強孩子的學科。只好陪著孩子一起面對、克服，但橫豎都會罰寫，差別只是多跟少。

有些老師會用罰寫來加強學生的學科能力，但這種方法常陷入學習的誤區：「多寫幾遍就會記住了」、「知識可以透過背誦強記」、「這回多罰寫幾遍，下回就會乖乖讀書」。

年輕時的我也曾有過這樣的迷思，直到有位家長向我反應：「老師，我的孩子成績差，所以被罰寫的分量更多。他整個晚上都在寫，但一次寫那麼多，他還是記不住。」

因為家長心疼的語氣，我意識到這樣的作業方式，對於學習弱勢的孩子幫助並不大，於是大幅修正了我的作業方式和對於學習的看法。

家長可以向老師描述孩子在家裡的實際困難，為孩子爭取更多的彈性；或是可以透過個別申請的方式，提出使用其他類似的作業來替代罰寫。如果這些作業與成績採計有關，也許就放掉追求高分的執著，為孩子換得更多的自由時間。

然而，千萬不要讓老師在班級管理上感到為難。可以提出保持班級良好運作的替代策略，如此不會造成老師的負擔，又能夠符合孩子實際的學習需求。

三 老師寫聯絡簿或聯絡家長時，都是說孩子今天又發生什麼事、又犯了什麼錯，好

【特別企劃】

像我的孩子很糟，家長也很糟。雖然我知道老師是為了孩子好，希望家長可以注意孩子的問題，但是家長也不免擔心：在老師眼中的孩子那麼糟，老師會好好教嗎？

老師向家長告知孩子的行為問題，通常出自於善意，但這種溝通方式可能偏向告知結果，缺乏過程中的細節。所以**不妨進一步詢問老師事件發生的細節，並請教如何在家裡更有效地指導孩子**。

其次，**將孩子經常在學校犯錯的事件進行分類，找出孩子犯錯的行為類型，並給予每個類型幾個應對的方法**。

例如：大多數情況下，孩子犯錯都是無法抑制內在衝動。因此教孩子在貪玩、生氣、很想去做的衝動發生時，有其他選擇的做法。反覆的練習，用身體行動去記住這些應對的策略。

將孩子在學校犯錯的頻率降低，讓老師認為孩子有進步，而不是每況愈下，孩子就比較不容易被鎖定或被針對。同時，教導孩子犯錯時，誠誠懇懇地接受老師的指導，將有助於快速解決問題。

四 孩子班上的少數老師，時常遊走在體罰邊緣，或常借用無需考試科目的上課時間趕其他科進度，剝奪孩子正常上、下課的權利，讓孩子與同學們覺得委屈、不公。這時家長該怎麼跟老師溝通，才不用擔心孩子事後被盯上或報復呢？

這次收到的親師衝突問題，發現有不少家長的提問都好沉重，卻也好難解。會收錄這則家長的發問，主要是**想提醒老師們真的要尊重孩子的受教權**。體罰、未按課表上課、占用學生下課時間……這些行為，其實已經不符合現今的法規。隨著教育政策的修訂愈來愈嚴格，家長也更加重視孩子的學習權益，因此，我們必須盡快調整成更適切的教學模式，以保護自身的工作權。

針對家長的建議，對於占用到其他科別的上課時間或下課時間的老師，某種程度上算是認真、用心的老師。老師擔心孩子的學習成績不佳，希望能為學生多補充。從這樣冷靜、理性的角度進行對話，才會有比較好的溝通成效。

其次，**可由班級代表家長、家長會成員或是與老師較熟識的家長，代為向老師轉達希望能落實正常上、下課的規定**。這樣的表達方式較具有代表性，也較不會引起老師的反感。若無法溝通，可以致電學校的教務處，請求進一步的協助。

至於涉及體罰的情況，對於老師來說是非常危險的行為。建議家長可循上述模式先與老師溝通，若無法達成共識，再向學校的學務主任或輔導老師尋求協助。重點是釐清孩子的需求和家長的訴求，以正向且溫和的方式解決。

五 老師很冷，家長很熱。相逢就是有緣，家長希望能和老師有多一些互動，一起為孩子努力。但感覺是緣淺情薄，一次又一次的溝通碰壁。

老師就是一般人，有的老師天性熱情、開朗，有的老師較為內向、保守；有些老師曾經與家長發生過衝突，因而與家長保持較遠的距離。在這種情況下，家長無需刻意拉近與老師之間的距離，過度熱情的互動，反而可能讓老師深感壓力或有不舒服的感覺。

家長可以在適當的時機，表達對於老師的支持與感謝。例如在批改的簿本上、成績單的意見欄裡、每回訊息的交流中，說聲：「老師辛苦了。」或向老師表達：「孩子在您的指導下，在某些學科上有了進步。」**透過這樣的即時回饋，可以讓老師感受到自己的努力和用心，得到了家長的認可和支持。**也因為這些正向語言，親師之間多了一些關係的連結（請參閱 P165〈老師被學生激怒到失控——家長可以從「關心老師的情緒」開始〉）。

【自序】

親師衝突，最辛苦的是夾在中間的孩子

打開電腦的資料夾，發現這本書交出的第一篇稿子，竟然是在二〇一一年九月？一本書寫了快十三年，也算是一大奇蹟。

事實上，這十多年內，有幾次預計出版的機會但又急忙喊卡，我自己也數不清有多少次寫信給主編大人，懇求她考慮是否要暫停這本書的出版計畫。

當時的我，自認沒有辦法駕馭「親師溝通」這個主題。因為「親師溝通」這個主題，牽涉到過多隱晦不明的問題，極容易引發親師之間的筆戰。

早些年在部落格火紅的年代，我曾經在個人部落格裡成立「老師SOS」、「家長SOS」兩個欄目，讓發出求救訊號的老師及家長能夠提問；也希望集合網友們的力量，給予這些老師和家長們一些實質的建議。

有朋友笑稱我「心臟很大顆」，因為即便我小心避開兩邊的話題，最後卻常引發家長和老師之間的筆戰。很多家長和老師，用自己過去不愉快的經驗在回覆，在別人的字句中自行對號入座。有時候老師和家長兩邊的戰況猛烈，連我都擋不了。

後來我只能關閉這兩個欄目，以避免發生更多的筆戰。其實我也擔心這本書出版後，若有哪些字句書寫得不夠妥當，會不會引來更多的批評？

其次，雖然我在親師關係的經營上盡心盡力，但在某幾屆裡，我也曾經踢過鐵板，被某些家長投訴後中箭落馬，內傷極重。

不過關於寫書的焦慮，總是在一次又一次的回信中被安撫下來。主編大人說：「這本書，能讓那些覺得很無助的老師或家長，覺得其實自己並不孤單，甚至還可以學到一些同理與溝通的方法。」

「我身邊有許多當媽媽的朋友，平日大部分也都忙碌於工作，對於如何與老師溝通，其實感到很陌生。我觀察到許多家長或老師可能心裡都有些不滿，但他們只能默默忍受，一點辦法也沒有。但是若讀到你書上的一些建議，他們就可以去試試。試了，不一定有效或有用，但或許就是轉機，哪怕只能改善一點點。」

親師溝通是現代老師必備的能力

我的確感受到現代親師之間的關係日益緊張，很多家長和老師都曾經在溝通的過程中受傷。老師們抱怨家長不盡責，家長們指責老師不夠有愛心；家長們責怪老師教學不力，老師們氣憤家長的無禮。

只要一旦曾經受傷，便會在面對另一方時產生恐懼或氣憤情緒。有的家長還沒見過老師，就先對老師抱持著質疑的態度，成為老師口中的「怪獸家長」；而有的老師感受到家長的敵意與不信任，就愈退縮到自己的教室裡，拒絕溝通，成為家長眼中的「刺蝟老師」。

只是，這樣一直敵對下去，最終辛苦的，還是夾在中間的孩子啊！

不過，也因為遲遲沒有寫出《親師衝突——如何溝通？達成親師生三贏》這本書，反而讓我更加關注親師溝通這個議題。

這些年來，我發現好多老師被困在無法與家長有效溝通，親師之間出現諸多衝突。曾經有老師在我面前痛哭失聲，他不明白做錯了什麼，一直遭到家長的投訴與不諒解。

而我的信箱裡也出現好多家長的發問與求助，有時候我的朋友也會傳來訊息，他們對於老師的規定和行為感到錯愕，即便很想同理老師，但內在卻有滿滿的情緒。我感受到親師之間欠缺一座連結的橋，不管是對於老師或家長，都迫切想得到有效的親師溝通方法。

於是我開始在每一場講座裡，偷偷加入了親師溝通的內容，畢竟在這年代，親師溝通是無法迴避且必須擁有的能力。我希望透過嘗試過的一些有效經驗，能夠帶給老師們一些不同的想法。我也在臉書上或 podcast 中，針對一些親師溝通的求助問題，提出我的看法與建議。雖然力量微小，但我相信有緣的朋友一定可以接收到這些訊息。

從幫助孩子的角度來思考親師溝通

其實我現在接的這個班級，算是近年來比較好帶的班級。但我和家長的聯繫，卻比往年密切。

原因是，我愈來愈覺得好的親師溝通，除了能避免親師衝突，還能夠改善孩子的狀況，紓解班級裡緊張的師生關係；也讓家長能夠有著力點，有好的方法協助孩子進步。

有時候在電話溝通前，我都會思考應該用什麼角度來和家長傳達我內心的想法。

不不不，我一點都不想要告狀。

太多的告狀，只會帶來本能的防禦，引發責怪、懊惱、氣急敗壞的情緒。

我思考的是，要怎麼幫助孩子。

所以我向家長訴說的，是一種概況，是一種我觀察這陣子以來，孩子表現出來的行為模式，以及他被困住的可能原因。

我也會說說我眼中孩子的優點，但他的表層行為模式掩蓋了內在的天賦。再這樣下去，勢必會影響到孩子的發展及相對應的未來。而我很擔心。

此時，若家長願意說，我就認真聽。

他會說著他內心的擔憂、他心中的無奈，我能感受到那擔憂背後的愛及自責。所以我會回應，試著給予一些方法，並且一起用成長型思維，重新調整我們看待孩子的方式。

所以當聽到家長說：「聽完老師的觀察和建議，我知道問題的成因是什麼了。我會努力的，我有信心，我知道該如何協助孩子了。」

聽完，感到很開心，也很感動。

親師之間從來都不是對立的，我們就是這段時間的同路人。

老師總希望能夠安心教學，希望孩子和家長好好配合老師就好。但其實面對還需要很大調整的孩子時，可能需要的是更多的同理。

當我們能夠同理家長的處境與焦慮時，家長才能夠同理老師的辛苦與用心，孩子的需求也才能真正被同理。也因此，教室裡才會一直有美麗的風景，更多動人的故事發生。

創造親師生三贏的共好

這本書收錄六個避免親師衝突，讓親師有效溝通心法的篇章，包括：「同理」、「正向」、「彈性」、「成長思維」、「專業」、「夥伴」。每個篇章針對老師及家長各自提出建議，希望除了在故事中讀到方法，也讓讀者試著以同理心的換位思考，重新思考親師衝突中不同立場的難題與處境，一起找到消除歧見的解方，一起創造親師生三贏的共好價值。

原本預計在書中加入更多針對家長或老師提問的回覆，但遺憾的是，這本書的字數已達上限，無法再收錄更多文章。或許，每位老師或家長遇到的狀況各有不同，但在解決親師衝突上，所依循的原則卻是恆定不變的。期盼您能在這六個心法的篇章裡，找到您所需要的答案。

謝謝您打開這本書，願意給予親師溝通更多的機會。希望這本書可以帶給您一些力量！

目錄

第一篇 溫暖同理

老師篇

目錄

目錄

目錄

家長篇

目錄

第四篇　方法協助

老師篇

家長篇

目錄

目錄

目錄

第一篇：溫暖同理

親師之間如何進行有效的溝通呢？可以從六個心法來深入探討，而其中首要的就是「同理」。親師之間需要溝通，代表孩子的問題或需求已經浮現，因此應該將其中的代溝疏通，並統一雙方的立場和觀點。

聽過很多親師溝通失敗的故事，都覺得好可惜。因為卡在其中的每個人都很努力、都很想改變，但每個人都覺得好受傷，每個人心裡都是傷痕累累。

人之所以會難過、會受傷，是因為落入了關係裡的「可惡的他」和「可憐的我」糾結循環裡。總覺得是他人的可惡行為，造成自己的可憐處境；也因為自己落入了受傷、憤怒的受害者視角，以至於看到的都是他人的惡，不斷擴大了他人對自己的傷害。

所以，**溝通的核心，不是說服，也不是強壓，而是同理**。先同理對方的感受與意見，也帶著對方試著同理我們的處境與為難。同理，是擁有更多元的視角，才有更圓滿的後續行動。

但溝通中的同理心之所以無法產生效果，有時候是因為我們以為已經努力同理對方了，但其實沒有。或是我們往往希望對方能夠先同理我們，卻忽略這仍是單方面的說服而已。

有時候在溝通時，我們往往說得太多，聽得太少。我們說了太多自己的苦與傷，其實相對而言，我們也在潛意識中指責對方對我們造成的惡。

我們可以時時留意，我們在溝通時說話與傾聽的比重。找個舒服的場合和時間，營造舒服的對話氛圍，多些等待時間，用好奇的心情，多聽些對方的弦外之音。不用過多的形容詞及名詞，來表達對彼此行為的描述。先放下內心受傷的成見，而是只想著我們要如何化解歧見，「如何做？才會讓彼此的未來更好」。

重要的是，我們真心地想這麼做。

我們真心地想先同理對方，而不是內心吶喊著：「為什麼不是對方先來同理我們？」

我們做出了邀請，我們表達好奇，我們認真地傾聽，我們達成共識，我們一起實踐與落實。

真誠的態度，很難描述，但彼此都感受得到。當我們願意當那主動的破冰者，把我們的真心傳達到對方心裡時，會從對方的神情中，看到終於鬆了一口氣的感謝。

於是我們之間，將展開另一段愉快的新旅程，一起走得更遠。

老師篇

在與家長溝通時，老師要如何做到同理家長呢？應該這麼說，老師和家長在面對班級事務時，真的是截然不同的兩個視角。**老師是從全班學生的整體需求來進行班級運作，而家長是從單一孩子的個別需求去理解問題**。當狀況發生時，老師希望盡可能告知客觀的觀察結果，而家長則希望老師能更有彈性地朝孩子的優點望去。

但也必須說，以前的我，自以為是一位很有同理心的老師，直到真正成為一位父親後，對於很多班級事務及規範，都有不一樣的看法。**我開始從自己的孩子需要什麼，來反推回去我能帶給全班孩子什麼樣的幸福感受**。

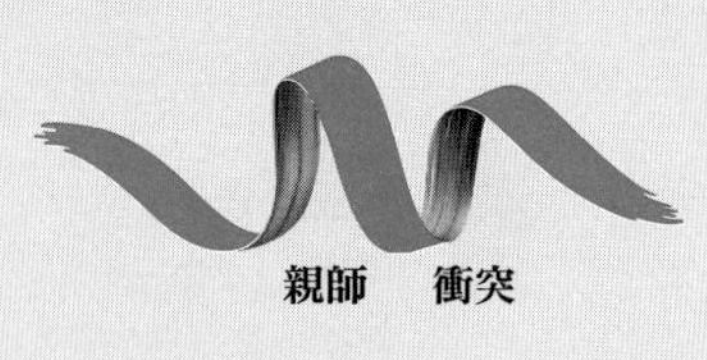

很多新手老師會發問：「什麼才是好的班級經營？」說穿了，就是同理心。

有時候，我會想著：假如我的女兒此刻正坐在我的教室裡，她待在這個班級裡會快樂嗎？會幸福嗎？她學得開心嗎？我能把她教得很熱衷學習、學得很扎實、能夠展現出高昂的自學力嗎？

不管是認真教養孩子的家長，或是放任孩子的家長，其實都渴望能遇到一位願意善待他的孩子，能夠把他的孩子教得喜歡學習、學得深入且扎實的老師。

每一年到了新學期換班時，我總是會收到不少打聽的私訊，很多家長對於新班級老師，內心總有許多的擔憂。其實，包括我自己也是，我也很希望我的女兒，能遇到一位能夠「教得好」、「願意善待孩子」的新班級導師。

用這樣的同理心去思考如何帶班，孩子會學得開心，家長感到放心，親師生才能無風無浪、安穩地度過這兩年。也因為同理心總是散發著溫暖的特質，這位老師將成為許多家長口中的「幸運」！

老師，我家小孩在學校被欺負（上）

——以同理心協助家長處理孩子的人際問題

有時候在處理孩子的問題時，其實是在**協助家長紓解內心因愛而生的焦慮**。

有一天，我批改到小建的一篇短文，文字裡罕見地流露出他的真實情感：

我的學習態度很差，我上課都不舉手，寫短文也都是應付式寫法。我很懶，就算同學告訴我答案，只要主題我不喜歡，同學再怎麼勸我，我也不舉手回答。

寫短文時，有時候我想寫真話，但是我媽媽會檢查我寫什麼，有時會被改掉。

我不喜歡上學，同學們總是喜歡開我玩笑，還常常打我。雖然他們並沒有惡意，只是

在和我玩，我和他們說我不喜歡，他們還是屢勸不聽，我也只能忍著。直到上星期五，同學打我，我忍不下去了，和他打了起來。我不喜歡他們這樣對我，我只好用上課不舉手，來表達我無聲的抗議。

小建的這篇短文，引爆了媽媽內心的焦慮。我還來不及找小建來聊聊，媽媽就傳訊息給我。

小建的媽媽當下倒也不是指責班上同學，反而是先向我解釋她不是每回都擦掉短文內容。媽媽還傳來他們夫妻間對話的截圖，長期在北部工作的爸爸，指責媽媽某些管教上的做法，造成小建人際上的問題……媽媽顯得不知如何是好。

接到訊息時，夜色已深，我邀請媽媽來參加親師座談會。

媽媽翻閱她記下孩子被咬次數的筆記本

隔天，媽媽愁容滿面地來到教室，我也花了將近半小時與她對談。

媽媽說著小建的不快樂，說他時常被霸凌。

我說這幾天觀察下來，小建每天來學校都開心笑著。教室裡經常看到有許多男孩陪著他聊天、玩耍。

媽媽說某位孩子常打小建，還咬小建，為此小建害怕得不想去畢業旅行。她在我面前翻閱她先前隨手記下次數和日期的筆記本。

我訝異極了，這一年半來從未聽聞小建談及此事。

他指控的這位「霸凌者」，明明好喜歡小建。前幾天的體育課，小建因為中暑到健康中心休息，最擔心、三番兩次來詢問小建的身體狀況，都是這位男同學。

我向媽媽解釋，小建短文中所謂的「欺負」，經我調查後，發現當時是因為幾位同學在玩耍，一位男同學不小心撞上小建，小建回手反擊，才引發後續的打架。

不過，即便我解釋完，我感受到還是無法緩解媽媽臉上的愁容，那些遲疑、欲言又止的態度，讓我心裡嘆了一口氣。

該走完的流程還是得再來一遍，我說：「明天我再找這些孩子來聊聊吧！」

晚間，我又收到媽媽傳來的簡訊，她訴說著小建小時候被霸凌的種種經過，媽媽說她堅信自己孩子不會說謊。

我只好先冷處理，待明天弄清楚了再回覆。

孩子將同學的行為解讀成霸凌

小建本身的固著行為就十分嚴重。他不喜歡的人事物，總是一副抗拒或不願接觸的態度。有時在教室裡，經常看見他生著悶氣的表情。

但偏偏這些活潑、好動的孩子，又喜歡圍著小建玩。小建開心的時候，會覺得他們很好玩；有些行為他不喜歡，他就生氣，將同學的行為解讀成在霸凌他。

隔天一到校，我喚小建來對談，花了我整整一個早修時間。

接著，我又花了一節課，找來被指為霸凌者的孩子來談。兩位個性爽直的二愣子，一臉錯愕得不知如何是好。

我和他們嚴正地表示：「玩可以，但不可以用肢體接觸的方式來玩。」我也說明高敏感的小建，不喜歡與人有太近距離的肢體接觸，有些開玩笑的話語，也不要隨便對他亂說。

下課時間，我看兩位男學生一直黏著小建，請求小建的原諒，但小建冷漠地不回應他們。午餐時間，一位男同學還刻意坐在小建身旁的地上，試著逗他開心。

緩解媽媽對於孩子被霸凌的焦慮

晚上，我依照「同理心五步驟」擬好電訪大綱後，撥通小建媽媽的電話。

自從身為一位父親，我能夠同理家長的心情。如果是我，我也會因為自己孩子受到欺負而焦躁不安。因此，**我向媽媽再三表明我的立場**：「一直以來，我努力維持教室裡的安全。我是會保護每一位學生安全的老師。」

我知道我們前一天的溝通歧見，來自於雙方各自陳述所看見的小建形象。媽媽單方面從孩子的描述，想像孩子在學校受盡多少委屈，因而無法聽進老師的觀察與解釋。不過，我想，小建的媽媽應該也是這樣評論我，覺得我無法聽進家長與孩子的困難處境。

我想要先緩解媽媽對於被霸凌的焦慮。我轉述小建的說法，他確定同學只有咬過他兩次，而且都是因為在下課時玩「鬼抓人」遊戲。好動的男同學為了扮得更像「鬼」，所以就演得超逼真，對著「人」一陣亂咬，並不是針對小建一人而已。

當然，這誇張的玩法已經被我嚴厲制止。**我請媽媽放心，這些都是男孩之間以為好玩的互動模式，而非惡意的傷害**。

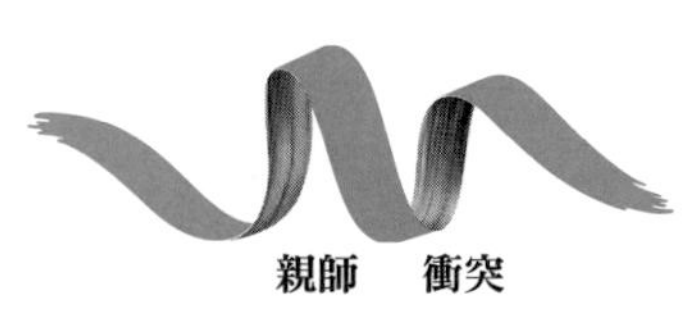

協助孩子，學習表達出自己的心意

我說我知道小建很需要社交距離，他不喜歡男同學對他做出某些肢體動作或開玩笑的言語。我已經再三約束了這些男同學。

不過，我也把所有對小建的談話內容，重新再向小建的媽媽說明。

例如：我都不知道小建內心真正的想法，如果及早說出來，老師可以早點幫助他；同學們沒有惡意，只是玩的方式不對；**表達自己不喜歡的語氣，要堅定地傳到對方心裡，我有協助他一邊練習，一邊調整**；我和小建解釋這位男同學很關心他，他把小建視為最好的朋友；我問小建來學校真的有這麼痛苦嗎？在教室裡，他的身邊有好多同學圍著他說笑；到國中後，也許會遇見更多心懷惡意的人，在國小的此時就要學習如何表達的人際關係議題……

小建的媽媽表示，她有聽聞小建回來說今天老師找他談過，但媽媽倒是不知道老師和他談了這麼多。

為了讓小建的媽媽安心，我表明今天曾把兩位男同學找來念一頓，他們都感到很緊張，一直說對不起。還有男同學為求小建的原諒，午餐時還坐在他身旁地上吃午餐，兩人最後變得有說有笑。**我特地將這美好的畫面拍下來，並傳私訊給小建的媽媽。**

這些孩子之間其實是有同學愛的，他們只是相處模式需要好好地調整，我們大人真的無須那麼焦慮。

老師會每週定期找男孩來「健檢」

小建的媽媽表示，她擔憂小建未來升學後與人的互動，爸爸也說是不是該帶小建去看醫生。

我向媽媽再三保證，接下來的三個月，我會每週定期找男孩來「健檢」。他若有心裡不舒服，請務必立即向我反應。

小建的媽媽向我道謝後掛上電話。這次的霸凌事件至此終於告一段落，我花了三天時間處理。

那天之後，小建的人際關係有了很大的進步。下課時，經常看到男同學與小建聊天，兩人笑聲連連，卻又刻意保持社交距離。那位男同學也常來向我報告，他如何用更有氣質的互動方式來與小建相處。

畢業前夕，我看到小建在這位男同學的留言簿上寫道：

嘿，兄弟！你是個有趣、搞怪的人，你很有創意，手工藝能力也很強，很會製作玩具。而我呢？每次都想做武器防身，只是怕被老師念，不過還有子彈容量的種種問題，後來我就沒有再做武器了。但我的腦內還有很多設計沒有實現，例如：有四個弓臂兩條弓弦的十字弩，用寶特瓶＋橡皮筋做的紙球發射器、橡皮筋步槍等等，希望以後我們還可以一起玩線上遊戲。

我知道他們在那次事件後，兩人就變成了好朋友，但此時看到小建用「兄弟」兩字，來形容這位當初他口中的霸凌者，還是令我驚訝不已。

◆◆◆

一直以來，我總覺得發生衝突是一件好事，至少讓我們聽到彼此內心真正的聲音，以及真實的期盼。

我們大人只要耐著性子好好處理，協助孩子調整彼此的應對方式，將關係修復成原先的狀態，那麼不只是孩子，還有我們大人，每個人都能從這事件中，學到重要且寶貴的一課！

老師，我家小孩在學校被欺負（下）

——「同理心5步驟」化解家長的焦慮

在之前另一著作《同理心身教》中，有詳述如何以五個步驟展開同理心。**親師溝通首重同理**，因此也適合運用在處理學生事件時與家長的對話。

在每次電話聯繫家長之前，我都會以「同理心五步驟」擬定電訪大綱，以避免在溝通時因為節奏過於快速或受到情緒影響，而缺漏原先欲溝通的內容。

以上一篇小建被霸凌的故事為例，電訪大綱如下：

一、老師察覺自身的情緒

1我感受到內在有情緒的波動，因為這事件前後處理了三天，而且家長並不認同我在學校的觀察，雙方各說各話，處理起來真的心有些累。

2下課時，男孩們的玩鬧方式，被解讀成霸凌，並且引發成對老師的不信任。我想要協助處理，卻公親變事主。

3不過，換個角度想，這位媽媽摻雜了對孩子人際關係的擔憂，並不全然是針對此一事件或是針對同學，她只是希望孩子能有安全、友善的學習環境。

4貪玩的男同學，需要學習如何調整與高敏感的孩子相處；而小建也可以學習如何與其他男孩相處，並且重新從多元視角解讀自己的情緒感受。

5好好地處理，對班上、對兩個孩子、對雙方的家長，都是一種學習。

二、同理家長的情緒

1家長此刻擔心孩子在學校遭受到粗暴行為對待，尤其孩子又提及不喜歡上學。

2電話一接通，先關心孩子：「孩子回家後還好嗎？」再關心家長的情緒：「媽媽現在的心情還好嗎？」

3 **表明：「我知道您一定很心疼**，因為身為一位父親的我，如果我的女兒也表達她被欺負了、不喜歡上學，我也會心疼。」

三、同理家長的認知

1 家長的焦慮和擔憂來自於對於同學的誤解，以及對於教室環境的不信任感。

2 首先向家長表示：「我一向努力維持教室裡的安全，我是一個保護學生的老師。我的帶班理念是要創造友愛的學習環境，我一直教他們要互相友愛，幫助對方，也嚴禁動手。」

3 **告訴家長今日的處理過程**：「向小建再次確認過，小建表示同學不是惡意的，只是和他玩。也表示不是整天都不快樂，有時候會感受到來上學的快樂。」

4 **告訴家長與小建的輔導溝通**：「小建把這些不舒服放在心裡太久了，如果小建早點告訴我的話，我就會提供協助。大家都可以幫小建，但沒有人知道。」

5「這是男孩們的互動模式，下課時都是這樣橫衝直撞，不是針對小建個人。不過這樣的互動方式我也不喜歡，我會去好好地念一念他們。」

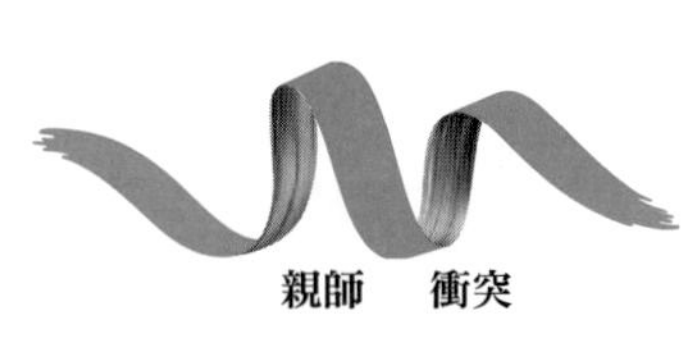

6「同學是關心小建的，當我舉例上次中暑事件時，小建也嚇了一大跳。小建自己也承認，其實兩人有時候會玩在一起。」

7「我跟小建釐清：身邊有很多人愛你，圍著你，想要讓你開心。孤獨一人的生活，其實一點都不快樂。被不舒服和恐懼淹沒了，忘了其實大多數時間你都很開心。」

四、同理家長的需求

1我知道家長擔心小建一直以來處理不好人際關係，也與家長分享我和小建的輔導對話：「到下一個學習階段，會有更多形形色色的同學，有的不是惡意的，有的是惡意，要及早學會如何解決所遇到的問題。」

2小建表示他曾表達出不喜歡這樣被對待，但效果不佳。於是**我們練習如何說話才有力量**，例如：「我很不喜歡你這樣玩的方式，我很不喜歡，你不要再做這類的行為了。我知道你是在跟我玩，你可以跟我玩些我比較舒服的玩法嗎？」我們現場做了很多次的說話練習。

3關於高敏感特質的部分，我和小建表示，我也是一位高敏感的人，也很容易緊張，不喜歡這類的互動方式。但我會想辦法把頻率調小一些，就像把開關再轉小一點。

五、化為具體的行動

1為了讓小建媽媽安心，我也說明我當下及後續的處理方式。例如把男學生們找來念一頓，同學很緊張，一直說「對不起」。後來他們彼此和解，兩人有說有笑地聊天。

2小建說他心情好多了，經過練習，他也知道如何跟這些男同學表達自己內心真正的感受。

3為了確保小建來上學是開心的，**未來每週會找小建來健檢一次**。若小建仍有人際關係上或情緒上的問題，務必立即告訴老師。

◆◆◆

不過說真的，這張電訪大綱大多備而不用。很多時候我還沒有解說完，家長已經能心平氣和地與老師對談，並且真心感謝老師的用心。

原因是因為孩子在學校的狀況已經紓解，他心裡舒服了，開心地回家與爸媽分享在學校的後續結果，這帶給了家長放下焦慮的勇氣。

衝突發生於學校，就讓事件也在學校裡圓滿落幕，這正是化解許多親師衝突的重要解方。

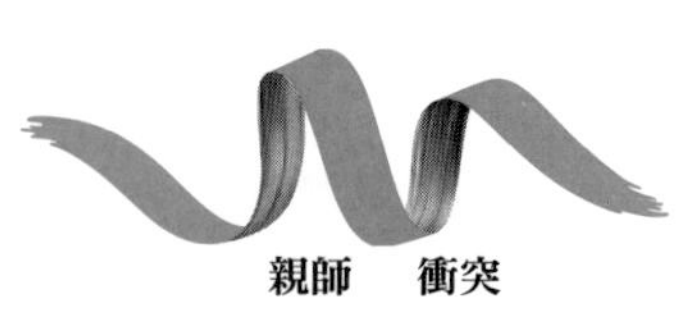

孩子長期不寫作業（上）

——親師溝通起手式9大招

若是孩子在學校有諸多需要調整的行為，如何有效地與家長溝通，以確保家長能在家裡支持孩子的成長呢？

在之前一個班級裡，男孩們的行為狀況多，讓我每天疲於奔命處理那些行為偏差問題，總是需要頻繁地與家長聯繫。不過，也因為一次又一次與家長聯絡，倒也摸索出不少與家長溝通的互動技巧。

在這些珍貴的親師溝通歷程中，我發現透過文字或電話，都無法像當面溝通能夠傳達真切的情感，有時候還會因為過於簡短的文字，而造成許多誤解。因此**親師溝通的最佳途徑是當面溝通，其次是電話聯繫，效果較有限的方式是書面文字**。

如果真的需要透過電話來傳達，我希望透過以下這九個步驟，將家長拉在同一陣線上，一起為了孩子的未來而努力。

一、詢問家長，孩子最近在家中的表現如何，有沒有特殊的狀況？

電話一接通，**我不會劈頭就告訴家長他的孩子有多糟糕**，而是先詢問：「孩子最近在家裡還好嗎？最近有沒有一些特殊狀況？」

我想要聽看看孩子在家中，是不是也和學校一樣有相同的問題。

也許家長會說：「他最近在家裡很懶散啊……經常管不動……」先不做預設立場，保有同理心地傾聽家長陳述孩子在家裡的表現，讓我心裡先有個底，而我也會適時給予一些回應。

二、委婉地說出最近孩子在班上發生的「許多」大事

接下來，我會和家長談及孩子最近在班上發生的許多大事。不是單一事件，而是在這段期間內，孩子在班上的整體表現。例如在這個禮拜，孩子在班上發生不少事情，而這些事件則拼湊出孩子最近出現了一些狀況，需要我們大人的協助。

三、說出孩子的優點，以及老師對他的疼愛

我不會全然指責孩子的過錯，我會表明在我心裡，孩子有他獨特的優點。「我很喜歡這孩子，他是很善良的孩子，在班上總是第一時間表示願意幫忙，是一位熱心公益的好學生。」或者，我會說：「他在班上很專心，認真投入學習，總是主動舉手發言。」

我會告訴家長，他的孩子的優點，以及我對這孩子的疼愛。

孩子在我心裡並非一無是處，只是現在的他卡關了，很需要大人們的協助。

四、說出內心的擔憂

因此，上述我提到的這些行為問題，會逐漸導致孩子出現更嚴重的學習狀況，這是我們所不樂見的。

例如孩子長期不寫作業，我會告訴家長：「作業是協助孩子複習當天所學的進度，現在高年級的學業內容愈來愈難，真的需要每天多花一些時間練習。但孩子來學校，卻花很多時間在補寫前一天的作業。這麼一來，非但沒有把基礎練習扎實，新的學習內容也無法專心聆聽，學習表現反而會愈來愈落後。」

又或者是孩子經常與班上的同學發生衝突，我會表明：「這階段的孩子，很渴望友情，但他的內在隱含著太多情緒，這種表達情緒的方式，把他與其他同學推得更遠，他只會變得更加孤單與憤怒。」

五、這些行為會對孩子產生哪些負面影響？如何影響孩子的未來？

我會告訴家長我內心的擔憂，並且提醒家長這些行為、狀況，會導致一些負面影響，孩子在未來會出現更多需要我們煩心的事情。

例如：「未來上國中後，會遇到更難的學習內容，孩子現在就開始對學習逃避的話，未來要追上同學就更困難了。」或是：「雖說孩子的人際關係出了些問題，但這個班級的氣氛是和樂的，同學會試著包容他。但若未能及時學習情緒表達的方式，將來到了另一個新的班級，大家無法包容他，又該怎麼辦呢？」

六、傾聽家長的心聲與需求

聽完我的擔憂與提醒，家長大多數都會表示：「對呀，孩子在家裡都是這個樣子。其實我在家裡都有在教，但他就是這樣子，我也很頭痛。」

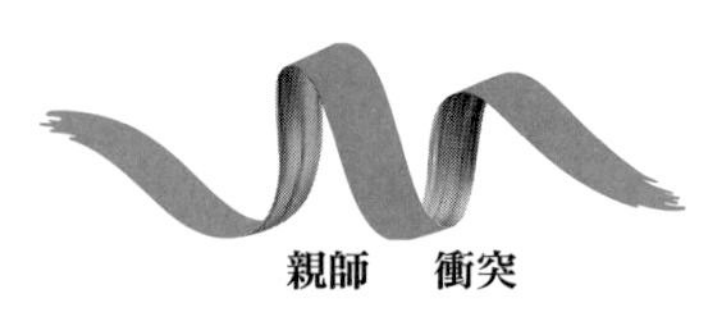

家長表現出擔心的語氣，證明他內心還是深愛著孩子，我們還是有著力的空間，只是需要更多教養上的建議。

七、給予一些建議或彈性

從家長的角度來看，我相信**他們都有在教導孩子，但是欠缺方法**，感到束手無策。這時候，我會給出一些適切可行的建議。

「爸爸，孩子這問題，其實在班上有幾位孩子也有類似的狀況。他們主要都源自於網路成癮的問題，網路成癮的孩子，情緒波動都很大，孩子是不是在家裡有上網時間過長的問題呢？」

家長大多數會回答「是」，我會繼續說：「如果是的話，那網路成癮這問題要先調整。也許可以和他討論上網的約定與規範，控管他的上網時間；不要只是寫完作業就好，這樣他會急著想去打電動，而草率地完成作業；也許我們可以和孩子討論每日固定的自學時間，並把電腦搬到大家都可以看到的地方……剛開始，孩子需要我們的陪伴，陪著他一起完成作業，相信不到一個月，孩子就會建立起自學的習慣，慢慢就能回歸到靜態學習的狀態了。」

八、相信在我們的合作下，孩子會更好

等到解開家長的困惑，並激勵家長想好好陪伴孩子的強烈動機後，我會表明：「相信在我們的合作之下，孩子會愈來愈好。我們一起努力，密切保持聯絡。」

我希望在這樣的對話中，不斷以協助的角度達成親師合作的協議，支撐家長有力量去陪伴他的孩子。

九、過一些時日，要告訴家長孩子的轉變

最後，**還有一個容易被遺忘，但也是最為重要的步驟**，就是過了一些時日後，一定要回去告訴家長孩子的明顯轉變：「在我們親師的密切合作之下，孩子有很大的進步，爸爸謝謝你，我們再繼續努力下去。」

相信家長也會認同老師的專業：「對對對，老師提供的方法真的有效，我們會繼續配合老師的指導。」其實，**家長也需要老師的正增強，需要隨時為他們補充正向的成長型思維**。

我們老師與家長聯繫，不就是希望孩子在教室裡的行為狀況能夠得到一些改善？善用同理心與正向語言與家長溝通，才是真正有效協助孩子成長的關鍵。

孩子長期不寫作業（下）

——「親師溝通起手式9大招」如何實際應用

每回和這媽媽聯繫，媽媽總是相當抱歉的語氣，她表示最近這陣子因為工作到晚上十一、二點，一回家才驚覺孩子又沉迷一整晚的電視與電玩。媽媽感到十分無力，她會再督促孩子完成作業。

不過從言談之中，也感受到媽媽對於爸爸始終未能分擔教養責任頗有微詞。我只能不斷為媽媽打氣，同理她的無奈，給予她一些可行的建議，希望她有力量再多陪伴孩子。

這一年來都是如此，聯絡家長後，孩子的學習狀況就會稍微改善一些，但隔不到一個禮拜，孩子又會打回原形。

有一天，我下定決心和這媽媽要了爸爸的聯絡方式，我想要和爸爸來一場直球對決。

媽媽連忙傳來爸爸的手機號碼，並且表示：「他隨時都有空。」

「親師溝通起手式9大招」這樣使用

電話接通後，我問道：「不知道您現在方便接聽電話嗎？我想跟您聊聊孩子。」

這爸爸先是一愣，回說「可以」，於是我接著問：「最近孩子在家裡好嗎？」（**親師溝通起手式第1招**）

待爸爸陳述孩子在家裡的狀況後，我表示：「孩子從連假回來後，幾乎沒有完成任何一項作業，每天來學校所有作業都是一片空白。不曉得他放學後都在家裡做些什麼呢？」

爸爸說：「常常就是在玩手機，要不就是跑出去玩，找不到人。」

「因為最近的數學真是愈來愈難，已經不是靠他的小聰明就能應付了。他的學習程度已經開始退化，您可以去翻他的課本看一下，錯誤率很高，很多題目都不會寫。我想要幫他，但在學校的時間很有限。而且放學後，他堅持要回家，不願意留下來讓我幫他。（**親師溝通起手式第2招**）

「我看著這孩子總覺得很心疼，他其實頭腦很好。我常跟他說如果他願意努力，要考進全班前五名不是問題。（**親師溝通起手式第3招**）

「我擔心，如果再這樣下去，他沒有辦法再用他的聰明頭腦應付過關，會考出全班倒數的分數。（**親師溝通起手式第4招**）而現在對學習失去興趣，未來上國中後只會更加辛苦。」（**親師溝通起手式第5招**）

爸爸說：「我有講過啊，但他都還是這樣。」（**親師溝通起手式第6招**）

我繼續說：「很多這樣的孩子，大多數都是網路成癮。您只要把網路有效控管，就能改善孩子大部分的狀況，或是看電視的時間，做一些約定或限制。」（**親師溝通起手式第7招**）

爸爸連忙說道：「好好好，我試看看。」

我說：「相信在我們的合作下，孩子會愈來愈好。」（**親師溝通起手式第8招**）

男孩從不願補寫到主動奉上作業

隔天一早，男孩就到我的面前，非常誠懇地雙手奉上作業，有禮貌地說：「老師，這是我今天的作業，謝謝老師。」

我噗哧笑了出來，這謙恭有禮的表情，和昨天不願補寫作業的抗拒眼神，真是天壤之別。想必……昨天晚上，爸爸和男孩一定有一場溫馨的親子對談吧？

接下來的幾天，孩子的學習狀況極佳，每天努力完成作業，下課時也能夠開心地去和同學玩耍。

我對男孩說：「其實只要前一天稍微認真一點，隔天日子就能過得好開心，不是嗎？」男孩聽了，也不好意思地笑了笑。那天，我收到男孩寫的短文，上頭寫著：

我最近一直沒寫功課，下課時還在一直耍賴，這就是我的學習態度不好。這幾天，我就好好地寫完它們，老師覺得我的學習態度變好了……一個人的成績取決於學習態度。學習態度不好的人，自然而然也不想學習，成績也會跟著下降。

這讓我更堅信和家長互動時正向語言的重要性，於是我在聯絡簿裡寫下：

親愛的家長，這兩天孩子超級振作地完成所有作業，學習上也更加有成就感了。謝謝爸爸和媽媽的協助，我們繼續努力協助孩子。（**親師溝通起手式第9招**）

這是我所希望的**親師溝通**模式，親師關係是友善的，都是**向著「如何協助孩子更好」的心意而努力**。

正向語言為我們的親師合作帶來信心，也支撐家長持續溫柔而堅定地陪伴孩子的決心。

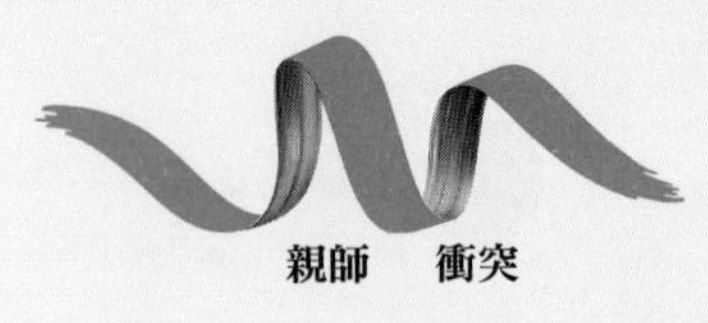

家長篇

以他人的角度來觀看事情，就會發現與我們原先想的不太一樣，這就是同理心所帶給我們的多元視角。

家長和老師所持有的視角本身就不同，家長看的是自己很疼愛的寶貝，會關注自己孩子的獨特需求。而老師在教室裡，照顧二、三十個孩子，關注的是整體性，老師有教學進度的壓力，必須在很短暫的有限時間裡把課上完。

也因此在事件發生時，彼此判讀的依據就不同，期盼對方所做出的反應也不盡相同。

我有一位好朋友，由於他的家人也是老師，從小他就深知學校的運作常態。

但平時具有批判思維的他，自從他的小孩入學後，就常傳訊息或拍照傳給我，為孩子所受的辛苦打抱不平，小至升旗排隊、老師上課罵人、未依課表上課，大至校慶運動會演出……總是細數學校運作的種種問題與盲點。

於是，我就得用老師的視角，耐著性子來跟他解釋原本出自於善意的美事，為何最後會成為他眼睛所見的不合理。與朋友對談，讓我深刻感受到家長和老師視角真的很不同，同一件事情往往會得出兩種截然不同的詮釋。

然而，我也很感謝朋友。他用他獨特的視角，點出了數十年來未曾被發現的問題。學校運作裡有些傳統本來就是方便行事，需要隨著時代的演進而持續地檢視與調整。

也因此，在親師發生衝突的當下，不妨先提醒自己這正是因為不同視角所產生的歧見。接下來，運用同理心五步驟來應對：首先，「察覺自身的情緒」，釐清家長自己的情緒波動來源，探究底層的需要及訴求；其次，「同理老師的情緒、認知、需求」，感受老師當下的情緒、理解老師當下的想法、思考老師需要的協助；最後，「化為具體的行動」，思考如何行動，才能真正保障孩子

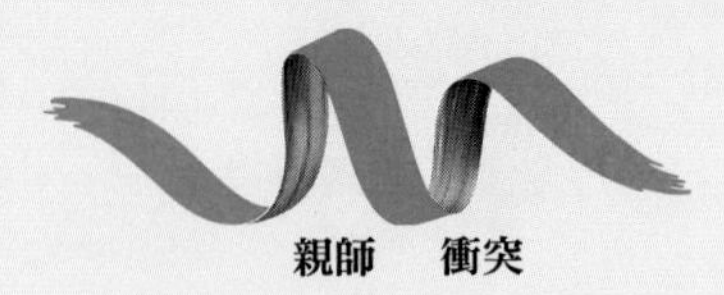

的安全與權益。

正如我們經常提醒孩子：不要用情緒來處理事情，要冷靜地運用智慧來解決問題。同理心，是保持理性、以終為始的關鍵。

家長的 LINE 被老師封鎖？

——以柔軟字眼喚醒老師的同理心

至於家長要如何同理老師的立場，進行有效的親師溝通呢？

有一位家長來信詢問：孩子回家後轉述了一些班上問題，家長聽聞後覺得不妥，想與老師溝通，但老師切斷了溝通的管道，不知該如何跟老師建議。這位家長發問的例子，很適合用來進一步說明。

家長的信如下：

孩子回家轉述在班上發生的事情，我覺得不妥，跟導師反映，希望導師不要這樣在公開場合指責孩子不是，也不要公開讓全班批判某位孩子，希望導師能修正。但導師不但

不接受，還回覆：「我不可能私下找學生談。」

另外，跟老師求助：「我的孩子反映數學聽不懂，麻煩老師可以多加以解釋嗎？」老師卻回覆：「那是你小孩本身的問題，其他同學家長沒有反映。」請問我該如何與導師溝通呢？然後，我的LINE也被她封鎖了！我應該直接跟老師說：「為什麼要封鎖我嗎？」

在現代社會中，親師溝通本來就是很重要，但又很不容易的一門藝術。好的溝通，能夠增加信任度，讓孩子的學習狀況更好，老師和家長相處起來，心情也會更加愉悅。但是說真的，也容易在溝通的過程中擦槍走火，反而造成更多的衝突。

從這些問題來看，這位家長很希望跟老師密切聯繫，但老師的回覆看似十分有距離感，甚至最後封鎖與家長溝通的管道。

在這件事裡，這位媽媽出自於好意想提醒老師，然而卻被封鎖了，這意謂著與老師的溝通上出現了一些狀況，或是老師覺得被過度打擾了。

願意給個人私LINE的老師，值得肯定與鼓勵

只有極少數的老師在面對家長時是開放且健談的。我認識很多老師並不開放自己的

私LINE給家長，他們不希望和家長有過多的聊天、互動，只希望把班級的學生帶好就好。老師們更希望的是能保有個人時間或家庭時間。

因此，遇到願意給個人私LINE作為聯繫的老師，是願意敞開親師溝通大門的好老師，所以這部分需要先給老師一些肯定與鼓勵。

與老師的溝通，需要稱謂及語氣柔軟些

其次，是**說話表達上，還有調整的空間**。

說真的，包括我們自己，不管是熟識的朋友或陌生人，我們都不喜歡別人當面的指責我們，而如果在LINE的文字裡，出現了「你這樣做，好像不太對喔，希望你做一些改進喔」的用語，我想大部分的人都很難在當下接納這樣的語氣。

但如果我們可以把這些字眼換成一些比較正向的語言，就比較能發揮它的力量，達到我們想要的結果。

此外，面對老師的時候，是需要有些稱呼，來維持基本的禮貌用語，例如「老師好，晚上打擾了」，或「謝謝老師的指導，老師辛苦了」。如果能多些柔軟的字眼，老師在接受這些訊息時，心裡會比較舒服些。

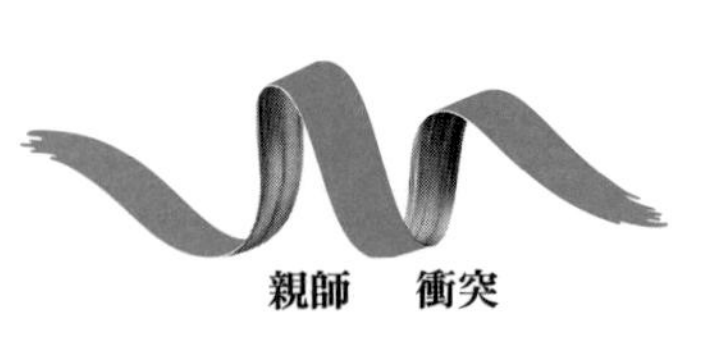

關於孩子數學聽不懂，希望老師多加解釋，其實若換成正向語言來表達，結果可能就不一樣。家長可以說說孩子遇到的學習困境：「我看到孩子在家裡，面對數學都不太會，而且他常常會覺得很懊惱，不知道老師有沒有可以讓我去協助自己孩子學習的一些方法呢？」

家長如果可以用這樣的方式喚醒老師的同理心，老師可能會提供更多專業的建議。

只聽孩子單方面的說法，容易造成誤解

關於老師公開指責某位孩子的不是，或者是讓全班批判某位孩子，希望老師做一些修正。當然，這部分有時候是老師個人的說話習慣問題，或無心脫口的，但也有些是帶著惡意的。

但讓我們試著先保有多元的視角，而不是只有聽孩子單方面的說法。因為**其實很多時候孩子回家後的傳達，常是沒有前面或後面的脈絡，很容易就引爆家長的情緒地雷**。

這件事情乍聽之下，的確會覺得老師的做法不妥，但是或許背後有我們沒看到的面向，又或許有老師不為人知的辛苦與用心。

如果本著關心老師的立場，而不是指責老師的立場，你可以換個語氣說：「孩子回

來說的這件事情，沒有說得很周全，我能了解一下事情的經過嗎？」如果是這樣的語氣，可能會好一點。先聽看看老師怎麼說。

另外，**家長平常可以多做些正向的互動與交流，以累積親師之間更多的信任感**，或在聯絡簿上、訊息裡，多肯定老師的用心。這些信任感，能把我們的心意真正傳達到對方心裡；這樣也才會在發生問題時，不會一下子就變成衝突，反而有更多轉圜的空間。

不適任老師不等於親師衝突

不過，我們也常把不適任老師和親師衝突混為一談。的確有極少數的不適任教師，會做出一些誇張的行為或言語，對學生造成極大的傷害。這些個案需要立即優先處理，我們可以尋求學校家長會或學校行政，一同協助。

重點是，不要把對於極少數不適任教師的印象，放大、投射成為所有老師都是如此，這對大多數認真的老師也極為不公平。不適任教師，就要優先處理；至於**親師之間的溝通，則需要累積信任感，持續化解彼此的歧見**。

彼此用同理心、用多元的視角先看到他人的需求，再回來處理我們自己的需求，才能讓學生安心學習、老師專心教學、家長放心支持，讓親師生三方真正達到三贏的局面。

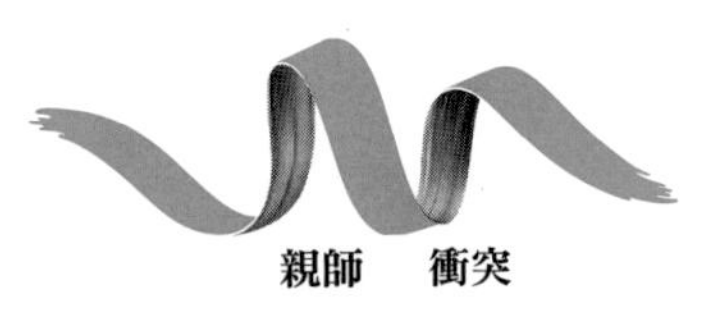

我家小孩被老師捏到臉紅腫

——先冷靜，了解事情的始末

收到一位老師的發問，特別的是，她是站在家長的立場，詢問當孩子被體罰時該如何處理，因此她是以老師、家長、客觀提問者三個視角來觀看師生衝突。這個例子很適合說明家長如何運用同理心，與老師進行溝通。

我也是位國小老師，同時也是兩個孩子的母親。在成為母親前，在學校任教時，雖不體罰，但也常覺得有些孩子的行為真的很頭痛，很難用愛的教育感化學生。而看到新聞報導老師不當管教事件時，有時也會替老師抱不平，認為事出有因，怪獸家長真難搞、太寶貝自己的孩子了，有什麼事動不動就找校長、找民代的。

但成為一位母親後，我發現自己的想法也改變了，會期望兒子未來能遇到良善、能同理孩子的老師。

今天我接到姊姊的簡訊，說小學三年級的外甥在學校被自然老師捏臉頰，並附上臉部紅腫的照片給我看。

我當下也十分氣憤，覺得老師不該如此不當體罰，甚至心底有個聲音冒出來說：去學校找老師理論！但又擔心外甥會因此被老師列入黑名單。

同時具有兩種角色的我，頓時不知該怎麼給姊姊建議了，因此想請教我們可以怎麼做比較好呢？謝謝您！

請老師協助了解事情的始末

這則發問，讓我們兩人在那一晚在網路上深談。我說：「看完您的來信，您應該也覺得當老師的身分很矛盾吧？」

「是呀，我目前留職停薪中，在自己帶孩子的過程中，愈來愈覺得孩子需要有人懂他。也希望自己未來重回職場時，能有更多的愛心與耐心去努力教導孩子。也因為如此，愈來愈不認同打罵教育。」

我說：「真的，我自己有了小孩之後，更能同理家長們那種愛子心切的心情，所以要給出適切的建議，真的是不容易！」

這位老師說：「今天得知外甥發生的事，實在不知怎麼跟姊姊討論。因為我認識的外甥個性純真、憨厚。我不知道發生了何事，讓老師氣到捏小孩臉頰捏到紅腫的地步。」

我說：「關於你外甥的問題，建議您們先冷靜。因為我們還不了解事情的始末，不清楚當時到底發生了什麼事。也許是發生了一件讓自然老師生氣到不行的事，老師一時之間失去了理智。也有可能是孩子的皮膚本來就比較柔嫩，很容易輕輕一捏就發生紅腫現象……」

我繼續說：「**當時到底發生了什麼事，是目前需要我們先去釐清，再來考慮接下來該如何做**。我覺得不妨先打電話詢問導師，請老師協助了解事情的始末。也請導師向自然老師表達家長的心情，先做第一步的處理。若這事情無解、雙方一直說不清楚，家長再去學校表達嚴正的立場。」

這位老師說：「我自己也在思考：若是我的孩子遇到類似事件，我能保持中立的冷靜思考嗎？」

於是，我和這位老師分享了一則類似的故事。

不是想跟老師算帳，而是希望孩子日後被適當對待

我有一位同事，她的孩子有類似過動行為的傾向，但她總是很謹慎且反覆要求孩子在學校的表現。

某一天，她從其他同學的口中得知，自己的孩子在大庭廣眾之下被老師賞了耳光……事發當下，同事全家人都十分震驚。同事在電話中詢問導師當天的經過，老師卻矢口否認。因此，最後這件事不斷鬧大，同事的先生還衝到學校，去表達嚴正的抗議。

「但我很欣賞同事始終表達著很理性的態度。她並不是想跟這位老師算帳，而是想把事情弄清楚，並且希望孩子日後能得到更適當地對待。她也很明白地告訴老師：『身處校園，我清楚老師們很容易因為一些事情失去理智。但以一位家長的立場，雖然孩子可能做出讓老師動怒的一些行為，但更希望老師是用比較適切的方式來對待學生。』

「即使在這過程中，老師的態度很不佳、一直推卸責任。但因為同事的智慧和妥善處理，讓老師反而深覺不好意思。老師很真誠地道歉，後來她們也成為不錯的朋友。而孩子也在老師重新認識下，得到更好的照顧。」

情緒長久累積，容易讓老師的理智線斷裂

這位老師聽完我分享的故事，說：「謝謝老ㄙㄨ老師的分享，讓我的思緒清晰了些。」

我說：「應該說，以一位家長的立場，我們會十分氣憤自己的孩子受到傷害，包括我自己可能也會無法忍受。但我們同時也是老師，明白在教學環境中，每日會有無數的小事發生，情緒長久累積下來，很容易讓老師的理智線斷裂。

「我曾看過不少體罰學生的個案。這些老師平日都是愛學生、願意付出的好老師，但過度求好心切，一時情緒失控，造成身敗名裂的下場，這樣的結果常讓人唏噓不已。」

這位老師感嘆地說：「是呀，身處教學現場中，有時真的很容易讓老師情緒失控。」

對孩子來說，是重要的一課

我說：「我們自己都是老師，比其他家長更能同理教學現場中許多的無奈與情緒。我們當然能採取給那位老師顏色瞧瞧的手段：讓這位老師被記過、人生紀錄中留下汙點、要求他公開道歉、陳情、申訴或開記者會，甚至讓他完全失去工作機會……但是更應該釐清的是，我們內心真正的訴求是什麼。我更衷心期盼的是，如果事件本身並非出自惡意，若能好好地處理，將會是對那位老師一次很重要的學習機會，反而造福他未來遇到的每位孩子。

「同時，**我們的孩子其實也在觀看，觀看他的父母怎麼處理這件事**：我的父母是用什麼態度來面對學校老師？是用什麼原則來處理與他人的紛爭？……這些都是對孩子十分重要的一課。未來孩子還得在學校裡受教育，所以如何達到親師生三贏的局面，需要我們有智慧地去思考與處理。」

這位老師說：「這麼晚打擾您，實在不好意思。但能獲得您即時的回覆，很開心能睡個好覺了，獲益良多呀！」

我很開心至少這位老師能放下心中的情緒，我也相信她會協助姊姊一家人更有智慧地處理這件事情。

親師衝突發生的當下，我們能採取的對策還有很多，真心希望這件事情能有較妥善的結局。

親師生三方的衝突和平解決

事隔一個禮拜，這位老師傳來了一則消息：

外甥的事算是平和解決了。自然老師表示當天班上鬧哄哄，她又急著用白板解說，所以動作粗魯了些。而少根筋的外甥看到了，便說老師破壞公物。已經有點情緒的老師被激怒，所以失控捏了外甥的臉頰。

她說自己沒有控管好情緒是自己不對，也已經跟孩子道歉。

就如您說的，抱著了解事情的心情與老師溝通，平和處理，親師生三方都上了很珍貴的一課。真的很謝謝您！

看到事情有這樣的轉變，我的內心著實為這事件裡的三方高興不已。

我回覆說：「哇，好棒的結局，很開心地聽到您這樣的回應。還好您們也願意傾聽老師的說法，才讓這件事較完美地落幕。您姊姊一家現在的心情如何呢？」

這位老師說：「外甥似乎真的少根筋，就跟媽媽說老師有跟自己道歉了，就繼續去玩耍。姊姊在學校有跟老師說外甥對自然很有興趣，但因為這件事都不想上課了。老師說她會跟孩子道歉，以後也會拿相關自然書籍給外甥看。目前感覺外甥的心情應該平復了，而姊姊也沒再氣惱，至於當初最生氣的姊夫就不清楚了。」

這位老師又補了一句：「其實好像大人比較捨不得孩子。」

我說：「真的，都是這樣。不過看到事情總算圓滿落幕，也讓人感到慶幸。還好有您這位好妹妹！」

這位老師說：「我剛好也一直在思考，如果是我的孩子遇到類似的事時，我該以怎樣的心情去處理。因為我目前是採用親密育兒的方式在與孩子相處，也知道當自己的孩子被不當對待時，身為媽媽的我會有多揪心。

「未來孩子入學後，他的老師得照顧那麼多學生，勢必不會，也很難像媽媽一樣，給予孩子多一點的時間，等他成熟、等他懂事。但這件事因為有您的提點，讓我豁然開朗，知道該如何拿捏，以取得雙重角色之間的平衡。」

◆◆◆

真心感激這位老師的後續回應，讓我們得知這件事的後續。關於當孩子被處罰時，究竟該如何反映，其實真的沒有標準的ＳＯＰ流程，包括我自己，也仍在學習當中。

不過，這個故事**透過這位身為家長又是老師的立場，這樣複雜的觀點，讓我們更能深層反覆思量**。

我們都是這事件中的學習者，而我們所採取的任何行為，都將是孩子學習的重要一課。

第二篇：正向語言

親師避免衝突，有效溝通的第二個心法是「正向」，也就是用正向的語言，來代替對彼此的指責。

因為立場不一致，以至於觀看事情的視角不同，閱讀不到對方的故事，當然會有很多情緒上的怨懟。

當然，我們可以用情緒來抒發內心的不滿，只不過這些指責無助於現況的改善，反而會造成難以挽回的情感撕裂，而孩子的問題仍然持續地發生。

如果可以，**指責和情緒的字眼先緩著出口，試著用正向的語言，來彼此互動、溝通。**

有時候會發現，當先釋出善意的正向語言，反而能傳達進對方的心裡，並且紓解孩子的問題，達到我們原先所要溝通的目的。

老師篇

很多親師關係出現危機的班級，並非老師缺乏教育熱忱，反倒是老師太著急地想指出孩子的問題。但由於用語過於直接，非但無法幫助家長看清盲點，反而造成家長惱羞成怒、怨懟以待。

一位也是老師的家長告訴我，她和老師的關係糟透了。原因是因為她的孩子是自閉症的特殊生，班級導師雖然用心指導孩子，但經常傳來許多孩子告狀訊息，並且經常要家長前往學校，處理孩子的突發事件。

家長不明白的是：難道自己的小孩在老師眼裡就這麼一無是處？三天兩頭就

要家長往學校跑，老師真的一點處理能力和同理心都沒有嗎？

我還記得小蘇姑娘剛出生時，她就是一位活動力旺盛、難以駕馭的小寶寶。在坐月子中心時，她的哭聲宏亮，不愛睡覺，無時無刻都需要人抱，讓護士小姐疲於奔命。

每回我們到餵奶室看她，她總是坐在「特別座」裡，待在護士小姐身旁。護士小姐一邊餵其他嬰兒時，一邊用腳踢著小蘇姑娘的搖籃。護士小姐有一回開玩笑地說：「蘇先生，你的小孩真是超難帶啊！」

雖然我們深感歉意，但當下聽到護士小姐這麼說，心裡還是有些難受。我突然明白了有時和家長聊到孩子的問題時，家長的臉上那難以言喻的表情。

因此，**我總是向那些新手老師建議，請記得不要急著告訴家長他孩子的問題**，不妨換個順序說話。

先真誠告訴家長，他的孩子有哪些優點、我們很賞識他的孩子，並且告訴家長，孩子在我們的教導之下有進步。最後才告訴家長，我們看到孩子的問題是什麼，而這些行為問題會影響孩子的發展與人際關係，讓他在學校不快樂。

也要**在孩子表現好時，及時地與家長分享孩子的好**。讓家長感受到孩子在老師心中是有分量的、老師是關心每一位孩子的。這樣家長才會從自責的情緒走出來，並且更熱情地與老師配合。

家長傳訊息給老師「請問哪裡錯了」

——從「讚美孩子的轉變」來切入，化解親師誤解

很多年前，我就曾經見證正向語言所帶來的力量。

這一天，手機跳出一位家長的兩則來訊。第一則訊息是一張照片，第二則是一句「老師請問哪裡錯了」。

剛好是考試的前兩天，今天在學校發下不少考卷和作業，想必家長是來詢問關於作業批改的問題。只是家長這樣沒頭沒尾的丟訊息，讀起來一副興師問罪的語氣。我望著手機裡的私訊，實在是不太想打開它。

這是一位平時不太理會孩子在校學習狀況的家長，平常他的孩子總是缺交功課，學

用品也經常沒帶；有時候連續好幾天，孩子都沒有帶鉛筆盒和餐具，家長也不聞不問；有時候全身衣物又髒又皺，還會傳來異味……然而，在考試前夕，家長突然轉變成如此在意孩子的態度，令人有點納悶。

現在已是晚上時間，若家長有學習上的疑問，其實可以隔天請孩子到校後再請教老師即可。而身為認真老師的我，一定會給孩子詳盡又滿意的回覆，真的沒有急迫到需要在前一晚傳來私訊詢問。

再者，就這麼直接的丟訊息過來，我也覺得這很容易引起訊息接收者的不舒服感受。如果可以客氣地說明來意，或換個句子，例如：「老師，您好！剛看了孩子的作業，有些問題想請教老師您……」我相信再怎麼忙碌的老師，都會放下手邊的工作，很開心地和家長討論孩子的學習問題。

不過，我望著手機裡的通知，還是默默地打開它。

多留一段正向的話給家長

仔細一看，果然是今天發下的數學作業。

第一則訊息，是一則家長翻拍今天發下的數學練習卷，是關於角柱與角錐的底面定義。這部分已經在課堂上反覆教過孩子們好多遍了。

我反覆思索究竟要如何回覆，最後還是回覆了家長這題數學問題。

過了一會兒，家長傳來一句「原來」，第二句是「謝謝」。

這位家長的孩子，在學校裡一天到晚與同學起衝突，對待他人也常有不禮貌，以及想做什麼就去做的衝動行為出現，以至於他成為全班同學排擠和霸凌的對象。

但是有時候看著這孩子，我心裡還是覺得不捨，他只是一個不懂得如何與人相處的孩子罷了。而經過這一年來的輔導與對話，我有感受到這孩子在心性及行為上都進步許多。

所以，我再轉念一想，又多留了一段話給這位家長：

「請小安考試多加油喔！最近他的心性穩定很多，再細心些，一定可以拿到好成績。」

我是真心想讚美這孩子最近的成長、轉變。

意外的是，手機裡跳出家長的新訊息，媽媽說：「謝謝老師耐心指導。」

用正向語言和家長互動，得到家長更多正向的回應

得到這樣的回覆，真是頗令人訝異。原來用正向語言和家長互動，可以得到更多正

向的回應。

於是，我接著寫下：「小安是善良又熱心的孩子，我很喜歡他，希望他能更開心一些。」我真心希望這孩子能在班上過得快樂，去掉更多與同學之間的摩擦，享受在同儕陪伴的幸福感裡。我相信小安的媽媽一定也是這麼想的。

因此，我順道又多補了一句：「加油！加油！」過了一會兒，手機的那一端傳來小安媽媽的回應：「他很喜歡老師。您是很用心的老師，小安很幸福！」

看到這樣的回覆，我忍不住嘴角漾起一抹滿足的微笑。

化解親師之間的誤解，避免可能的衝突

其實一開始，我大可直白地告訴家長：「這些內容，我已經在上課時說了很多遍了。這表示小安上課不專心！」

但是，這不是我想要的親師互動方式。

反倒是透過這樣的正向言語，我們化解了原先的誤解，也避免了可能發生的一連串親師衝突。正向語言就像是漣漪，漾起一波波善意的流動，我得到更多原先預想不到的正向回應。

這次和小安媽媽的傳訊，讓我見識到正向語言的力量。下一次，我仍然會耐著性子，告訴家長我有多賞識他們的孩子、我有多麼渴望他們的孩子變得更好。

在親師對立的世代，我還是相信人與人之間很珍貴的信任與禮儀。親師之間多用正向的語言互動，才是孩子真正的福氣。

如何用正向語言，與家長溝通？

親師之間以正向語言溝通，常會帶來出乎意料的驚喜結果，也正因為感受到正向語言的魅力，**在面對家長或孩子時，我會盡量避免寫下負面或批評的話語，多以正向文字來進行溝通**。並且抓緊與家長接觸的機會，用正向語言傳達我對孩子的關心與期待。

長久這樣與家長溝通，我發現家長與老師主動聯繫，通常不外乎這幾件事情：回饋感想、請求協助、要事告知、提出疑問。

若老師在上述這些時機與家長溝通時，能以正向溝通的元素：「基本禮儀互動」、「感謝家長的支持」、「賞識孩子的優點」、「讚美家長對孩子的用心」、「說出觀察到孩子遇到的困境」、「表明對孩子的期許」、「提出適切可行的建議」、「激勵親師共同合作」，依家長的回應而排列組合，就能提升正向語言的效果。

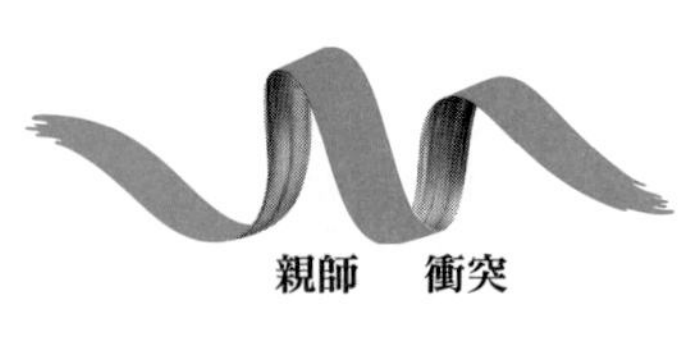

1 當收到家長的回饋時

當我們收到家長的正向回饋時，不只是畫個笑臉或寫上「謝謝」兩個字，而是可以用「基本禮儀互動＋感謝家長的支持＋激勵親師持續合作＋賞識孩子的優點」的留言組合方式與家長互動。

例如，家長在聯絡簿上與老師分享參加親師座談會的感想，我寫下：

謝謝您的回應，讓我知道我們的溝通有了真誠的互動與合作默契，相信這兩年會有更多更棒的故事發生。話說ＸＸ在班上主動、積極，表現很棒呢！

又例如家長們在成績單上留下感謝老師指導的回饋，我會在底下蓋上一個「感謝家長配合」的印章，並留下這些正向的文字：

謝謝您的回饋，這些文字真是令人感動。ＸＸ在寫作裡愈來愈能深思，真是太好了！

ＸＸ很懂得自我要求，在校表現真的很亮眼！

ＸＸ在課堂上的投入度愈來愈好，好喜歡她愛上學習的模樣。

真的感受到ＸＸ穩定很多，臉上多了好多笑容。真是太棒了！

2當收到家長的請求協助時

家長在聯絡簿上的請求協助，若只是單純小事，可以用「基本禮儀互動＋讚美家長對孩子的用心＋賞識孩子的優點＋表明對孩子的期許」的留言組合方式，與家長互動。

例如，當家長在聯絡簿上寫著「孩子忘記帶數習回家，改用相關作業補寫」或是「社簿放在學校，再麻煩老師您幫忙留意」……我會蓋上一個「感謝家長配合」的印章，並且寫下「好的，謝謝您的細心告知。XX在學校已認真補完」、「好的，再請他找出來。希望XX能養成放學前收好書包的生活習慣」。

我希望能傳達給家長，我真心感謝他們這麼在乎孩子的學習，並且協助孩子把學習的細節做好。感謝有家長的配合，孩子才能在學習的軌道裡持續前進。

若是重大事件的溝通，可以用「基本禮儀互動＋說出觀察到孩子遇到的困境＋表明對孩子的期許＋提出適切可行的建議」的留言組合方式，與家長互動。

有次有個男孩在同儕的慫恿下，犯了一些過錯。他的媽媽在聯絡簿裡寫下事情的經過以及歉意。我寫下：

> 這也是孩子很好的學習，日後他還會遇上更多的誘惑與抉擇。此時，我們可以教孩子

明辨是非，做出善良的選擇。

我**希望將「處罰後認錯」的模式，修正成「從錯誤中學習」的教養價值觀**。

又例如女孩因為考差了，考卷不敢拿回家，媽媽氣急敗壞地要孩子把考卷帶回家，並請老師代為留意訂正狀況。我回覆：

已讓孩子帶回考卷，希望能好好面對，養成不害怕、不逃避的勇氣。

我其實也暗示著家長：孩子有時候所謂的「忘記帶回家／學校」，並非真的忘記，而是無法面對後果，於是只能對親師兩邊都佯稱忘了帶回。**孩子不在恐懼中學習，如此才能真正有面對學習的勇氣**，而不是總是需要他人規範，卻始終自我逃避。

3當家長提出疑問時

當家長在聯絡簿裡提出疑問，甚至是提出對老師教學方法的批評或建議，大多數都已經對老師累積好一段時間的誤解了，更需要好好疏通情緒，達成彼此一致的觀點。

此時，我們可以用「基本禮儀互動＋讚美家長對孩子的用心＋賞識孩子的優點＋說出觀察到孩子遇到的困境＋提出適切可行的建議＋激勵親師共同合作」這樣的組合方向來留言。

曾經有一位爸爸在聯絡簿上留下一段文字：

請老師功課可否不要出在平板電腦上。自從小真帶回小平板後沉迷於其中，整個腦袋只想著要用平板，已嚴重影響放學後的生活。懇請老師別再讓孩子把小平板帶回家，謝謝！

這位爸爸平時十分要求孩子的學業成績，女孩平時在下課時，也總是趴在桌上，寫著一堆考私中補習班的作業。我可以感受到這位爸爸的焦慮，於是我回覆：

小真爸爸：

很能體會您的焦慮，您是一位用心於孩子學習的好爸爸。事實上，在發下小平板時已和孩子們約法三章。若被爸媽申訴，即會管控他們的小平板。

我剛詢問過小真，她哭了，直說她不清楚為什麼爸爸這麼說，也說自己沒有不專心。

所以也許先明確指出孩子什麼時間點、什麼樣的行為算是分心，並且與她約法三章使用的時機與方式，也許孩子可以從中學習如何自我控制。

未來的學習已經在急速改變，在親師座談會時曾和班上許多家長溝通，大家對於此種學習方式都能樂觀其成。而班上這幾天，我發現有很多孩子在運用小平板學習時更專心、更投入，展現出不一樣的態度與專注力。

因此，也許再和小真聊聊，讓她有再次修正的機會。若一段時間後，她的狀況還是不佳的話，請立即告知我，我會鎖住她小平板的大部分功能。

回覆完這篇，總覺得字數有限，未能好好地傳達我的想法，於是我當天發下給全班家長的一封信，再次針對使用小平板的使用疑慮，包括使用時機、使用時間、離線使用功能、可鎖部分APP功能、自制力勝於嚴格禁止……詳加說明。

隔天，我收到不少家長的正向回饋。例如一位媽媽留下這些珍貴的文字：

謝謝老師用心。孩子很喜歡這種教學方式，都會主動去算數學，也會主動提問。跟之前要他練習數學的態度差很多，真的很感謝老師您！

讀完，讓人鬆了一口氣。親師溝通這件事情，就是愈投注時間經營，就愈能得到許多的正向回應。

4 當需要向家長報告孩子的學習狀況時

我喜歡和家長分享孩子的進步，多過於指出孩子的學習問題。

我們往往忘了告訴家長，在我們的教導下，孩子的成長與轉變，以及孩子在學習上變得有多麼用心與積極。

老師若能經常與家長分享孩子的好表現，會建立親師之間的信任感，孩子的表現也會在親師合作下愈來愈好；遇到事情發生時，親師會站在同一陣線上來處理孩子的問題。

當孩子在學校一直有狀況，且已經持續一段時間，始終未能改善時，我才會主動告知家長。這樣的留言組合會是：「基本禮儀互動＋說出觀察到孩子遇到的困境＋表明對孩子的期許＋提出適切可行的建議＋激勵親師共同合作」。

不過，我不愛在聯絡簿上向家長告狀，反而是寫一段話給孩子。例如：

XX，最近手機玩太久嘍，今天怎麼一樣功課都沒有寫。在家裡還要再有自制力一些！回到家的第一件事情，就是把聯絡簿拿出來，看看今天的進度。

XX，最近上課精神比較不集中，較容易分心，要快快把專注力找回來喔！桌上容易分心的物品，也記得先收起來。

我留言的對象是孩子，而不是家長；我除了提出我觀察的現象，也提醒孩子該如何修正的方向。

看過**不少親師之間的筆戰，剛開始都是起因於對孩子的關心。只是，閱讀起含有指責意味的文字，日子久了，都容易變成家長的惱羞成怒、孩子的逃避、老師的怨懟。**親師雙方彼此在發洩情緒，卻達不到溝通的成效。

在聯絡簿裡對家長主動留言，我希望做到的是提醒，不論對象是孩子或是家長。

我希望用正向的方式鼓勵孩子，我也希望家長看到這些字句後，能多留意並關心孩子的狀態。我也發現，出自善意的提醒，更能引發孩子與家長的共鳴，比較能得到持續性的效果。

老師，我家小孩被霸凌（上）

——承諾，並表達會處理、保護孩子的決心

假日裡，我的手機收到這則簡訊：「蘇老師，你好，我是小瑄的爸爸，我有事想找你討論，不知道是否方便跟你通電話。我的手機電話是……謝謝。」

我當下心裡冒出不少的問號：最近小瑄在班上有發生什麼事嗎？還是學習方面出了什麼狀況？或是和爸爸之間的相處又出了狀況？……先前曾聽過爸爸表示小瑄在家裡都不愛說話，爸爸也不知道該如何和她溝通。

我回覆訊息：「現在才看到訊息，打到家裡方便嗎？」

「好，麻煩老師了。」

女兒被同學打巴掌

打電話過去，小瑄的爸爸一開頭就表示在運動會當天，他看到自己的女兒被另一位女同學打了一巴掌。

爸爸覺得太不可思議，情緒也有些激動。

「女同學就朝小瑄的臉上打下去，之後她走開，我女兒悻悻然地自己走回座位……回家後問她，她也不說話，只說這不是第一次了。」

校慶運動會是星期六，但卻等到星期日晚上爸爸才聯絡我，這位爸爸會不會憋太久了？我可以想像他這兩天的心情應該極度的不舒服，最後只能敲我訊息。

如果是小蘇姑娘被這樣對待，我肯定會當場和老師提出抗議。而如果此事是真的，我也相當心疼小瑄被同學這樣對待。

先同理家長，再表達立場與提出觀察

只是教書多年的經驗告訴我，不要在第一時間解決此事。

我說：「爸爸，因為現在是假日，學生都不在身邊，我無法了解此事的始末，所以我需要一些時間來弄清楚這件事的全貌。」

我給予同理，表達我的立場，我繼續說：「對我而言，這樣的行為十分不妥，我會好好處理的，請放心。事實上，我在班上經常制止他們碰觸他人身體的行為，也不喜歡他們用打鬧的方式來與同學進行互動。尤其是打他人巴掌，更是不能接受的行為。」

我試著提出我的觀察：「不過，對方是一位乖學生，只要小小犯錯就會緊張兮兮，一問她話，她就會慌亂落淚。一年多來，未曾發生過與他人的肢體衝突。我想，她應該不是刻意要這麼做。而據我這段時間的觀察，班上的女生們經常在下課時互相追逐、打來打去，這是她們覺得很好玩的互動方式。但我也常制止她們這類的行為，因為她們可能會玩過頭。」

接著，我**描述小瑄最近和同學的互動模式**：「您的孩子這陣子也常和其他好友在下課時在教室裡追逐、互相打鬧，所以我猜極有可能是玩笑開過頭了。」

爸爸說：「有啦。她有說她常和一位好朋友互相打鬧，我也知道小孩會這樣打來打去，倒是無妨，但打別人的臉，實在是不妥。」

「當然，我也極度不認同這樣的行為。」我說。

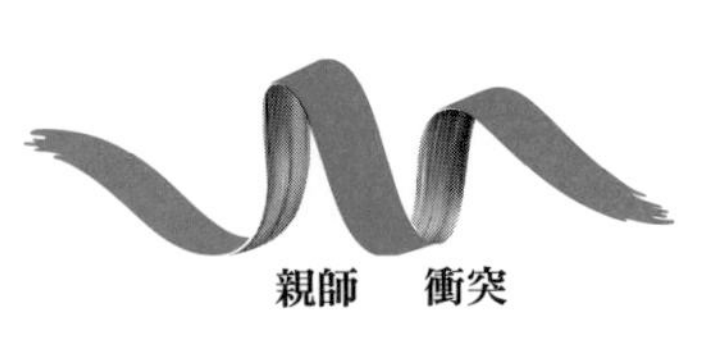

向家長承諾，會處理及保護孩子的決心

我再提及孩子面對危機的反應模式：「您也知道小瑄她只要一緊張，就不說話了，在班上也是如此。所以我猜她應該是對這件事感到緊張，也沒料到你會有這樣的反應，所以不知道該說什麼才好。」

爸爸說：「對呀，她在家裡也經常這樣，問什麼，她都不說。」

我承諾，並表達我會處理、保護孩子的決心：「沒關係，交給我。下星期一到校，我就來弄清楚。我會再打電話給您，回覆後續的結果。」

「沒有啦，我只是覺得去碰觸別人的臉這類行為，很容易造成旁人的誤解，在公開場合十分不恰當。」

電話掛斷後，這件事仍然持續縈繞在我的心頭，兩天假期的心情都很不美麗。

給兩個女孩的輔導

今天一到校，我找兩位女生來問話。

打人的女孩一臉錯愕，瞪大眼睛，表示不曉得發生什麼事。聽她說得斷斷續續，語氣十分緊張，都快哭了。

接著我詢問小瑄。小瑄表示那時她們兩人在玩，並不覺得有被呼巴掌的感覺。

「所以你們都覺得是在玩，沒有任何不舒服的感覺？」兩位女生點點頭。

「這件事應該分成兩個層面，首先是『用打來打去的方式在玩』，尤其是『碰觸別人的臉』，這在其他家長的眼裡，確實是很不妥的行為。平時在班上我不是都有一直宣導和制止這類行為嗎？」我對著被指控打人的女生這樣說。

「其次，如果爸爸因為在乎而生氣了，就應該要好好地跟爸爸說清楚，不要讓爸爸誤會，導致他有生氣的感覺。」我對著小瑄說。

小瑄說：「有啊，我有跟他解釋啊！」

「你有跟爸爸解釋你們是在玩？」

小瑄點點頭。

好吧，想必爸爸還是希望老師再次確認事情的經過。

不過，後續的輔導還是要做。**我請被指控打人的女生要牢記：這樣的誤會是如何產生的，以及日後該如何避免。**

我也請小瑄要好好回答大人的問題，而不是用點頭，或用「嗯」來回應大人。我讓小瑄練習了幾次，能說得流暢且表達清楚了，才讓她們離開。

打電話給家長，說明事情的始末及處理方式

之後，我打電話給小瑄的爸爸，解釋事件的始末，爸爸一直說：「好的，我知道了，謝謝老師。」

但我還是想雞婆一下，因此補了幾句：「當小瑄感受到心情緊張時，真的都不願意開口說話。不過這一年多，在我的強力要求下，不讓她只用點頭或『嗯』來回應，而是必須開口說明原因，所以目前在班上有很大的進步……」

爸爸很快地就掛了電話，而此次的衝突事件也到此告一段落。

◆◆◆

親師溝通，真的是一門大學問。**從老師端，或從家長端來看事情，永遠會引發不同的解讀、不同的情緒起伏**。同樣身為一位愛孩子的爸爸，我相當能感同身受小瑄爸爸內心的擔憂。若是小蘇姑娘被同學欺負，我肯定也會內心百轉千迴，不知道該用何種方式向老師請求協助，所以我也願意站在家長那端，傾聽他們的焦慮，試著找出真相，讓事件快快落幕，也讓孩子快快回到快樂的教室，繼續開心地學習。

給家長的建議或做法：

1 事件發生當下，可以立即當面向老師反映。

2 態度可以和緩，不用急著想為孩子出一口氣，而是表達想把事情發生經過及原因弄清楚的立場。

3 可以和老師這樣說明：「老師，我剛才看到一個畫面，就是同學對我孩子……我感到十分詫異，也許是我看錯或誤解了，可否請老師幫我詢問清楚。麻煩老師了。」

4 事情落幕後，可以向老師表達感謝：「老師，謝謝您這麼用心地協助調查。我知道事情的全貌了，原來是誤會一場。讓老師這麼費心，真是不好意思，謝謝老師！」

5 和孩子重新建立關係，對孩子說：「原來事情的經過是這樣。如果當時你先說清楚就好了。爸爸是愛你的，才會如此擔心，也許我當時的語氣急了些，所以讓你感到緊張，不知道該如何表達。下回爸爸會再修正自己的語氣，也請你安心地跟爸爸說，好嗎？」

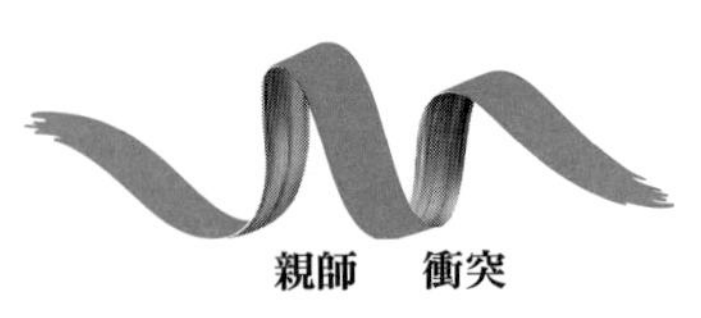

給老師的建議或做法：

1 表達心疼孩子受到欺負的同理心。

2 在事情的始末弄清楚前，先不要做出判決。

3 表達老師與家長一致的立場，以及一直以來在教室裡的規範。

4 提出最近對班上孩子們互動的觀察。

5 提醒家長，孩子之間仍是有愛的連結。

6 承諾會好好處理，以及保護孩子的決心。

7 找當事者進行交叉比對所陳述的經過，弄清真相。

8 讓孩子彼此之間進行和解與修復。

9 教孩子如何進行後續彌補的練習。

10 回覆家長事件的始末，以及老師處理的經過。

11 若家長有需要，給予家長一些適切的建議。

老師，我家小孩被霸凌（下）

——做好「課題分離」，別用別人的問題傷害自己

中午，一位媽媽氣呼呼地站在教室外，說想和我談一談。

她說孩子長期上學都不開心，一直被同學針對、霸凌。每回開學前，男孩都表示不想去上學。

媽媽說，上回跟我用電話溝通後，怎麼狀況卻愈來愈嚴重，因此她覺得有必要來學校當面和我表達清楚。

她希望我能好好處理班上同學的行為，讓男孩能有安全的學習環境。

老師表達禁止同學霸凌的立場

我先表達我的立場：「平時我在班上，就非常要求同學之間的言語表達，應該要彼此有禮，絕對不可以有傷害他人、亂取綽號、言語霸凌的狀況。這些行為是我很在乎，且嚴格禁止的。」

我說：「其實男孩每天在校都笑咪咪的，他並沒有向我反映在班上有任何不舒服的情形，在聯絡簿裡的文字也都滿正向的。我們關係很好，他其實可以先告訴我發生什麼事。」

媽媽說：「他就是一個不敢跟老師說的孩子，但他每天都跟我講同學又怎麼弄他，一直跟我說他不想去學校上學。」

我說：「可是，他昨天才寫說他捨不得畢業耶。而且一整天下來，我看他跟同學玩得有說有笑的。」

談了很久，感覺這些對話不太有交集，我們談的孩子彷彿處在平行時空裡。

我請媽媽給我一點時間和孩子聊一聊。我會調查清楚是哪些同學、哪些行為，我也才有辦法處理。

我把孩子找來，和他聊了一節半的時間。除了想了解他與同學的互動情形，也輔導他如何和同學相處、怎麼樣做好課題分離，也就是不要用別人的問題來傷害自己。

將與孩子聊的過程，告訴媽媽

晚上，我撥了一通電話給這位媽媽，媽媽一接起電話就說：「謝謝老師有跟孩子聊，他回來後很開心，明顯鬆了一口氣。」

「很開心孩子回去後變得開心，看來今天的聊天很有成效。」

不過，我還是耐著性子，**把內容再解釋一遍**：「我有問了他，他說在班上其實有不少位好朋友，每天來上學也算開心。他說即使想到那些女生就不快樂，但在寒假期間，他還是會想念上學。

「我詢問男孩，女生們如何排擠他，他舉了例子：這學期，某位女生對他翻白眼，還有某兩位男同學在談他帶了很像幼兒園小朋友用的包包，就沒有其他的狀況了……再問到上學期，他說有幾位女生一直躲他，或不跟他互動往來，或誤會他在挖鼻屎……就這些，其他就沒有了。**我一再向他確認，但都是一些感受的問題，而不是真實的欺負行為。**

「我對男孩說，在班上，他是我很疼愛的學生，因為我覺得他跟我小時候很像。個性很纖細、高敏感，太看重別人對我們的看法，太認真，怕別人不喜歡我們……

「但我跟他解釋，這些女孩，對待其他人其實也都是這樣，包括連跟我相處，也一直躲著我，或用冷淡的表情與我互動。她們這些行為，都源自於她們的家庭出了一些

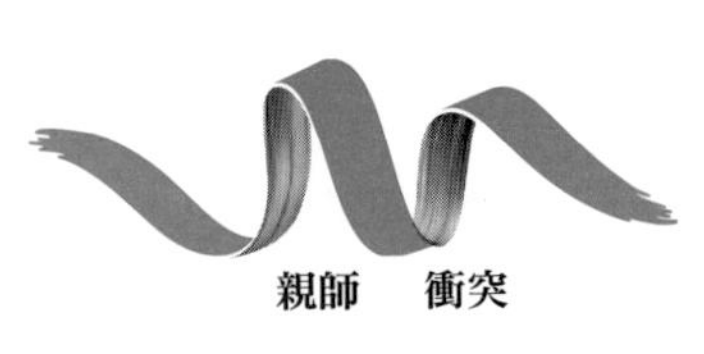

狀況，她們只能用『躲』或用『冷漠』來武裝自己……我和男孩舉了很多的例子，他才恍然大悟女孩們平時就是這樣與人相處，而不是針對他個人。

「我和男孩解釋，男孩的心情應該是受傷，因為他有主動釋出善意，但那些女生借完東西後，就繼續對他不理不睬。但我和男孩說明，她們就是這樣對待其他的同學。她們本身在人際關係就有狀況，一直處在小圈圈裡，到最後也把自己弄得遍體鱗傷，搞到人緣很差。那真的是她們自己的課題，而不是針對你。

「我和男孩說，每個人都有他自己過不去的問題，因而衍生出一些課題。**我請男孩不要把別人的問題，變成是自己的問題，攬在自己身上，傷害自己。**」

學習「課題分離」

媽媽聽完後，也發出恍然大悟的一聲「喔」。

媽媽表示她聽過親戚的小孩被傷害過後，長大後變得很極端。她也提及在公司或家裡，自己也曾經被別人這樣以冷漠傷害過，所以她才會堅持要來學校找我處理此事。

我都懂。

男孩的家庭破碎了。媽媽無法接受而重度憂鬱症發作，數度送醫。男孩天天擔心著媽媽會出事，他整天心神不寧。他過於高敏感的個性，複製著媽媽個性上的自卑與不安，讓他在面對來自他人不喜歡自己的眼光時，只能一直用最負面消極的想法，往心裡最深處鑽……

我說：「我問男孩，聊完開心嗎？他回答我，心情好很多。我又問能撐多久，他回答我一天。」

媽媽苦笑著。

我說：「所以我告訴他，心要強壯啊！因為在人生的路上，會遇到無數不喜歡我們的人。我向他舉例：在學校，也有不少位不喜歡我的同事，但人生就是這樣，我們無法指著他們叫他們不可以討厭我們、不可以在背後弄我們。我們只能一次又一次地做好課題分離的練習，告訴自己心臟要強壯。」

媽媽再度「喔」了一聲。

不只是男孩，也說給男孩的媽媽聽

其實，這些話不單單只是在說給男孩聽，也在說給心靈受苦的媽媽聽。

「我讚美男孩，我說他進步很多。這一年來，都跟那些曾經真正言語霸凌他的人相

處得不錯。那麼難搞的人都有辦法相處了，又何況是這幾位小女生？

「我在男孩離開前，讓他做了一些練習，要他反覆練習說出：『別把別人的問題，當成是自己的問題，拿來傷害自己。心臟要練習強壯一些。』

「所以**我有跟他說，只要心情不舒服，儘管來找老師**。如果老師在忙，或覺得沒什麼，或沒有安撫好他的話，一定要隔天再來找我聊聊。我一定會好好地開導他。

「之後，我也會每個禮拜找他來聊一聊，希望他好好地學習人際關係的這堂課。」

媽媽說：「我就是怕他在這個階段沒處理好，到下個階段會出現更大的問題。」

媽媽再三道謝後，就掛了電話。

◆◆◆

而當我掛上電話，我的心裡卻極度複雜。

開心的是，這事可以告一段落。但我也深嘆一口氣，因為這男孩、這家庭，並不會那麼容易就鬆開這許多死結。不過肯定的是，我感受到阿德勒的課題分離是如此重要。

課題分離，是終於願意好好地愛自己，是喜歡在每分每秒做出任何反應的每個自己。

不管大人、小孩，不管幾歲的人類，真的要好好地學習這門課。

當老師被家長投訴

——如何堅持「把每個孩子都教會」的教育理念？

有的老師問：「即使我一直以正向語言和家長溝通，但家長還是聽不進去，該怎麼辦？」

當然，因為連我也曾經被投訴過，而且還是我自認為交情不錯的家長。

一通來自家長的質疑電話

這一天，我接到小潔媽媽的電話。電話裡的來意讓我有些意外。

小潔的媽媽說：「我想要知道為什麼這次考試前的上課進度會這麼慢？為什麼沒有

多留一些時間幫孩子考前複習？」

其實在多年前，我和小潔的媽媽就已經認識了。她也是老師，因此在開學前的電話家訪裡，我們兩人相談甚歡。我也慶幸能和這家長有這樣的緣分。

也因此，當時聽到這電話裡的提問，我感到有些錯愕。

我說：「其實，我心裡也為了這班的進度過慢而焦慮不已。但因為這班孩子普遍素質不理想，有許多品行需要調整，也有學習程度落後的孩子。因此從開學到現在，我花了許多時間在調整他們的心性，也不斷放慢進度，好讓更多孩子能跟上。

「**我的教學理念是要把每個孩子都教會，我相信那遠比孩子在還學不會就反覆進行考試精熟，還來得更重要**。不過，我自己也覺得進度真是慢了點，下星期去學校，我還會幫他們再多加強。」我是以對朋友說話的語氣，來和這位媽媽說明。

但電話那端的意思，好像並不是只想要個解釋而已。

這位媽媽仍然表達出無法理解的語氣，我們這通電話聊了快一個小時，最後我說：「如果讓你為孩子的段考感到如此焦慮，對此我也覺得不好意思。我會在下一次考試前，多留一些讓孩子們複習的時間。他們已經開始在進步，我相信接下來的進度會順暢而穩定許多。」

家長後來打電話給教務主任

掛上這通電話後，我的心裡感到很沉重。我深刻感受到每位老師對於考試有著相當大的差異。尤其是國中老師和國小老師之間，彷彿存在著更大的歧見。

段考過後，有一天教務主任找我去聊聊。主任說他也接到小潔媽媽的來電，他們談了半小時以上。後來，主任拍拍我的肩膀，說沒事了。

當下我聽聞這件事，內心大喊不可思議。

我不是和小潔的媽媽聊了快一個小時嗎？我不是和她解釋過班上這次進度如此慢的原因？甚至我也很真誠地表達我能體會她的心情，因此接下來在班上會有一些新的做法？……我不明白這家長再打電話去給教務主任，這樣轉了個彎的用意是什麼？又希望能達成什麼企求呢？

我向來珍惜孩子所展現出來的自學力，更勝於考卷上的數字。雖然，我向來有自信我班上孩子普遍的成績都不錯。但在當下，我深切明白：原來當老師最後被檢視的依

據，仍是孩子們考卷上的學業成績。

我在心裡暗自發誓：接下來這段時間，我會用無數的證據展現我的專業，讓這些家長體會「**有學習能力，比填鴨背誦更重要；擁有自學力，反而能增進考卷上的分數**」的道理。

孩子努力達成爸媽對成績的高期望

段考結束後，事實證明全班考得並不差。尤其是小潔，仍然保持在各科幾近滿分的前三名。但是我想，小潔的媽媽肯定認為這是她自己幫孩子複習的功勞，與老師無關。

從那次的事之後，再加上彼此旁人的傳話造成誤解，小潔的媽媽就和我漸行漸遠，她也未再與我有任何電話上的聯繫。但我仍然在班上很認真教導著她的孩子，小潔也始終不曉得我和她媽媽的這段往事。

其實，小潔不僅在學業成績表現上相當傑出，她在語文競賽及音樂競賽上的表現更是優異，也常代表學校至校外比賽。不過，小潔在班上始終表現出謹慎的態度，她在與同學相處時，總是微笑、不多話，把自己關在小小的朋友圈裡。

每次批改到小潔的文字，雖然簡短，但充滿了趣味，每一篇短文都有獨創的巧思。

而當她站在台上演出，所有的人都會被她吸引。在台上的她可以沒有包袱地搞笑、可以細膩地詮釋角色、可以有高低起伏的口條，也能在台上即席的創作……只要她一站到台上，吸睛度馬上破表。

但只要一下了台，小潔馬上變成那位不多話、謹慎的孩子。她很認真地扮演好學生的角色，下課總是不敢貪玩，自己默默地坐在座位上讀書。而只要拿到較為不理想的分數，總會看到她臉上閃過一絲憂鬱的神情，悶悶不樂許多天。

有時候，我會聽到同學說小潔必須努力達成爸媽對成績的高期望。「這孩子承受的壓力太大了，而這孩子身上有好多耀眼的天賦就這麼被壓抑住，真的好可惜！」每回當我望著小潔亮眼的表現而發出驚嘆時，我的心裡也隨之如此吶喊著。

能看見孩子身上耀眼的天賦嗎？

這兩年，小潔有許多上台表演的機會，不管是在語文、音樂或是戲劇，她都擔任最重要的主角。但是，我卻鮮少看到她的媽媽來學校觀賞表演。不過，有一次，我們班上舉辦才藝發表晚會，小潔的媽媽來了，而當小潔和組員在台上演了一齣很棒的戲劇，

很多家長不斷向小潔媽媽稱讚小潔在台上落落大方的表現，卻只看見她的媽媽表情古怪，後來不發一語地離開。

很多的家長有時並不清楚自己孩子身上所擁有的能力，但孩子的能力卻是在眾人之中，可以輕易地被比較出來。那時的他們正發著光，露出燦爛的笑容，那瞬間，他們也清楚看到自己存在的意義與價值。

我們究竟是要孩子培養我們大人所期待的能力？還是從他們本身的能力出發，有自信地發展出其他能力？這個問題，本身就是一個大哉問，也在各教育機構間充斥著彼此對立的理念。

但是，對我而言，**我更珍惜孩子此刻臉上的笑容**。

孩子父親的來訪

畢業前夕，小潔的爸爸特地到家裡拜訪。

我們聊起了小潔。小潔的爸爸說：其實他知道五年級上學期發生的那件親師衝突，他一直想找機會和我聊聊。小潔的爸爸表示他們夫妻對孩子的教養有截然不同的看法，對此他感到很不好意思。

我當下望著小潔的爸爸，心裡是感激的。

至少讓我感受到，我這兩年對小潔的用心付出是被看見的，也證實了我一向秉持也堅持的教育理念，還是能被曾有誤解的家長肯定。

親師之間，被關上溝通的大門

幾年後，有一天很碰巧在一間連鎖量販店裡遇見小潔母女，那時小潔已是高一生。我微笑和小潔母女打招呼，小潔的媽媽選擇和我家老婆大人聊天。當下的氣氛顯得相當詭異，而小潔則躲在媽媽後頭且神情尷尬。

為了此事，其實我沮喪了許久。

對於我所教過的孩子們，我始終抱持著「緣分不僅是那兩年」的想法。即使畢業後再多年，只要孩子有需要我的地方，我們仍然可以互相幫忙、打氣，或是給予孩子一些建議。

只是，小潔的媽媽選擇關上溝通的大門，並切斷了我和孩子之間的連結。

孩子的動人來信

有一年，我向所有畢業多年的學生們發出了一份問卷，詢問孩子們對於國小那兩年仍記得多少回憶。意外地，我收到了小潔的來信。當時，她已是一流大學的大二生，她以誠懇的文字訴說著童年回憶。小潔的信上寫著：

一直都很感謝老師在國小時的創意教學。我覺得我現在會念傳播，跟老師也有關係。而且老師激發我的表演潛能，因為小時候的一些課程，讓我上大學後還加入劇團。老師在聯絡簿上寫的話，都對那時的我很有影響力，雖然我有點忘記是什麼了，但當時的感覺還清晰記得。

老師，謝謝你。你是我遇過最棒、最有創意的老師，能夠被老師教到，我覺得很驕傲！

看到這樣的回應，我的內心是激動的。

曾經以為斷了線的師生情誼，又隨著這樣的回應而銜接了起來。生命為我們展現出豐盈而曼妙的姿態，常讓我們有著喜出望外的感動。

後來小潔和我又在臉書聊了好一陣子。我說：「一直沒機會和你多聊，但是看到你讀了傳播系、又參加劇團，我為你的成長感到開心，真的好棒！」

小潔說：「此時小學的回憶都湧了出來，真的很謝謝老師！我參加了音樂劇的劇團，想要認真地去了解這塊。當初面試的時候，我還跟劇團的人說是小學帶給我的啟發。我覺得能跟老師聯繫上，講那麼多話，我很開心……」

◆◆◆

很多年後，再回首這段故事，我的內心仍有好多感慨。

現在的我，選擇用更柔軟、更包容的態度，來面對家長們內心的矛盾。

在記憶的長河中，衝突會過去，傷痕會癒合。但那段曾經用心、真誠對待的日子，在往後彼此的生命中，仍然閃著耀眼的光芒，璀璨而動人。

家長篇

身處社交媒體時代，親師溝通變得更加快速且便捷，僅需短短幾字，便能將自己的想法和需求立即傳達給對方。

然而，這也導致溝通的文字，變得簡短、碎裂、難以理解；或是直白地將個人的需求傳送出去，卻可能引發諸多誤解與情緒上的波動。

例如，我就經常收到家長傳來沒頭沒尾的質問訊息，或是在半夜兩點傳來沒有事由的請假要求，或是表面上是客氣的語氣，但實際上卻包藏著責怪語氣的文字……每回打開這些訊息時，我就忍不住嘆氣。

我還是希望能與家長以正向語言進行互動，因此也希望家長在傳訊息前，能留意這個時間點是否適宜、事件是否緊急、是否提前在聯絡簿裡註明即可、有沒有稱謂、是否體諒到老師的為難……而有時候若能在文末加上「打擾老師休息了」、「老師辛苦了」、「天氣多變，請多注意保暖」，這些字句都會讓老師心頭一暖，即使再忙，也會甘之如飴地回應。

同時，**老師也需要家長適時地正向回饋**，例如，述說因為有老師的指導，孩子進步了，或是在老師面對班級學生、家長的挑戰時，能送上一句關心的慰問，這些話語都會讓人如沐春風，也會讓老師感激在心頭。

遇到親師意見分歧時，也請以正向語言互動。畢竟我們是要表達學生的困境及家長的需求。過激的言論不但容易模糊焦點，還會阻斷彼此的對話，帶來更大的傷害。

用同理老師的換位思考來表達，用「肯定老師的用心，提出孩子的困境與辛苦」的角度來表達，因為話語間有了更多元的視角，才能真正把話傳達到老師的心裡，衝突也才會有轉圜的機會，朝向更好的走向發展。

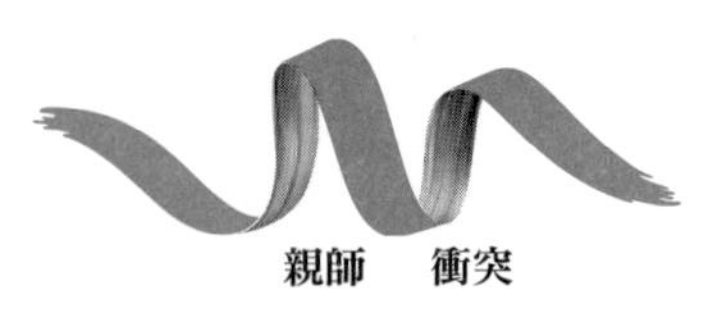

害慘老師的學習單留言

——5大招，化解親師衝突

我還記得在小蘇姑娘就讀幼兒園時，某天，她們母女兩人發生一件小爭執。

寫英語作業時，媽咪好心提醒小蘇姑娘：「這個t，寫的時候，記得最下面的筆畫要勾上來。」

原來是老師出的學習單，選用的字體較特別，「t」的下方筆畫沒有勾起來，看起來像個國字「十」。

小蘇姑娘說：「不對，老師就是這樣教，這樣寫才對。」

「老師不會這樣教，這是字體印刷的關係，真正的t要勾起來。」

但是小蘇姑娘還是十分堅持，母女兩人僵持不下，最後媽咪只好在學習單下方寫著：

「學習單選用的字體，讓『t』印出來，變成國字『十』，容易誤導孩子的英語學習。」

我看到這樣的留言，不免一陣訝異：「這樣寫，肯定會害慘老師。」

「怎麼說呢？」我家媽咪問。

我說：「幼兒園每隔幾天就會檢查作業。看到家長這樣的留言，園方一定會要求老師好好處理這件事情。尤其是留言裡沒有稱謂，建議的語氣也不夠柔軟，很容易讓人以為家長在質疑老師的專業。」

媽咪說：「我只是想建議老師改個字體，否則孩子日後書寫時不容易改正。你還是幫我修改一下留言吧！」

果不其然，過幾天放學時，我看見英語老師站在幼兒園門口，她一看到小蘇姑娘的媽咪，就急切地向她解釋，而媽咪也很不好意思地表達她的想法。回來後，媽咪還念了我一頓，為何沒有幫她修改留言。

「原來親師之間的溝通，有這麼多複雜的眉角（台語）啊！」我家媽咪苦笑地說。

是啊，身處這親師信任度不足的年代，常常許多溝通演變成激烈的親師衝突。不過，若能留意以下這五大眉角，親師溝通或許能更到位。

一、採用能表達誠懇情感的溝通方式

很難想像，學生每天書寫、家長每天簽名、老師每天批改的「**家庭聯絡簿**」，雖說是用於親師「聯絡」，但卻**經常擦槍走火，引發激烈的親師筆戰**。

原因是現代人的書寫習慣較為簡潔，以至於在下筆時並沒有字斟句酌。過於簡短的留言，往往讓閱讀者產生不知所云的困惑與猜測。

「見面三分情」，所以最好的親師溝通，就是能當面溝通就盡量不要用電話溝通，能用電話溝通就不要用書面溝通。

我們可以早一點送孩子到學校，順便和老師聊上幾句。在親切問候與爽朗的笑聲中，感受彼此的真誠情感，自然可以避免因表達不完整而引發的誤會。

二、用令人舒服的字句來溝通

若得用書面溝通時，應力求完整表達，語氣上柔軟、有禮，讓對方感受到真心誠意。

教書二十多年，有時候難免改到讓人傻眼的聯絡簿。有些家長留言時，沒有稱謂，也沒有問候語，只有直白的質詢語氣：「為什麼這題的答案是錯的？」

甚至有家長語帶不滿地寫著：「兩位姊姊以前讀書時，都不用帶小白板到學校，為何妹妹就要帶？請合理解釋，ＯＫ？」這些沒頭沒尾的留言，總讓人一早到校的好心情，瞬間就像被潑了一桶冷水。

其實，**最有溝通效果的文字，就是讀來最感舒服的文字，應該包含：「稱謂」＋「問候語」＋「柔軟語氣表達事項」＋「感謝」**。

若把那位爸爸的文字，修改成：

老師：您好！有件事情想請教老師。因為兩位姊姊以前都不用帶小白板到學校，所以很好奇讓孩子帶小白板的用意為何，希望能多了解您的教學理念，我們較能準備合適的學習用具。謝謝老師總是這麼用心指導孩子的學習！

我相信每一位用心教學、樂於溝通的好老師，看到家長這麼客氣的留言，一定會立即充滿感激地回覆。這一來一往有禮貌地互動，才能創造更多正向、積極的親師關係。

三、給予老師即時的正面回饋

每回看到老師在聯絡簿裡，詳細記錄小蘇姑娘的學習狀況，我總會立即寫下回饋：

「謝謝老師的用心！」「好期待看到孩子帶回來的成品喔！」「謝謝老師，這是因為老師教得好。」或是在適當時機及節日，貼上一張溫馨小紙條，傳達「能遇到老師您，是我們孩子的福氣」的感恩心意。

老師每天課務繁忙，卻能看得到孩子的獨特性，還願意撥出時間與家長互動，實屬難得的好老師，更需要我們家長的支持與肯定。

我也發現，老師會在我的留言後方，畫上一個笑臉，或以開心語氣寫下更多回應。於是小蘇姑娘的聯絡簿裡變得好熱鬧，你一言、我一語的，像是接力一般，展開一個又一個良性的親師溝通循環。

每一位好老師，都需要家長熱情回饋，如此老師才能在工作職場中，持續維持高度的教學熱忱。孩子也才能在密切的親師溝通中，得到更適切的教導與照顧。

四、避免在孩子面前批評老師

有時會聽到一些朋友，忿忿不平地抱怨：「這位老師很差勁……老師的教法很有問題……」

我會先制止這些爸媽：「這些話，大人們私底下聊聊就好，請不要在孩子面前批評老師，免得影響孩子對老師的看法。」

因為我觀察到他們的孩子，此刻正附和著爸媽的言論，臉上滿是對老師嫌棄的神情。也因此這些孩子在班上，幾乎都曾經出現過對老師不禮貌的言行，甚至有發生過公然嗆老師的火爆場面。

因為我們在無形中，已把對老師的不信任傳達給孩子。當孩子心中已對老師持有負面觀感，又如何要求孩子能心平氣和地面對老師？

請別把對老師的評價，植入孩子單純的心靈。當師生之間缺乏信任與情感連結，受苦的會是每天對看兩相厭的師生雙方。

若孩子心中對老師有所困惑時，也請不要跟著妄下批評。我們要教孩子如何改善現況，而非不適切的情緒發洩。帶著孩子抽絲剝繭找出衝突原因，協助他找到與老師最佳的應對方式。

五、表達孩子的為難處境，勝於想為孩子討回公道

有時候老師得同時面對全班二十多位孩子，難免未竟圓滿；家長以孩子的個別標準，

放大成全班學生的團體生活，有時候也難免過於偏頗。所以溝通是必要的，但溝通要達成效果，而不淪於爭吵，卻是一種藝術。

也許我們可以聚焦在孩子的感受上，先不要急著為孩子討公道，而是先聊聊孩子的為難與困境，以及我們身為一位家長心裡的不捨。

若能從這角度來談，老師較不易感到被指責或批評，反而會想協助孩子生活得更好。**例如當孩子受傷時，我們可以這樣留言：**「孩子回家後，才發現他身上有多處傷口，孩子說是在和同學玩時被推倒的，但是媽媽還是看得好心疼……」**來取代「班上同學都對我孩子集體霸凌，請老師務必主持公道」的文字**。

後者的留言，容易解讀成對老師處置不當的批評；然而前者的文字，卻會讓人感同身受，激起老師更加想保護這位孩子的決心。

◆◆◆

溝通的用意，無非就是要化解歧見，達成共識。但若缺乏對等的尊重，很難把我們的訴求，真正傳達到對方的心裡。

絕大多數的老師都不是難以溝通的老古板，而是孩子在學校時的安全守護者。以疼惜孩子的心情，來珍惜每一位好老師，並以正向語言來支持老師，才是真正愛孩子、達到有效溝通的做法。

給家長的建議或做法：

1 採用能表達誠懇情感的溝通方式。
2 用令人舒服的字句來溝通。
3 給予老師即時的正面回饋。
4 避免在孩子面前批評老師。
5 表達孩子的為難處境，勝於想為孩子討回公道。

給老師的建議或做法：

1遇到願意用正向語言與老師溝通的家長，是我們當老師的福氣。

2每個表達背後，都是因愛而生的擔憂，不妨多些同理與傾聽。

3忙碌的日常難免有些思慮不周，不妨敞開心胸傾聽。有好的意見就採用，未留意到的，就說聲謝謝提醒；不妥的建議，就展現教師專業，以孩子的角度來和家長溝通。

孩子不能參加畢業旅行

——別在孩子面前批評老師

若是家長真的對老師有些微詞，也請盡量不要在孩子面前評論老師。例如最近在這家庭裡，發生了嚴重的親師衝突事件。

起因是這位六年級的孩子，老師不讓他參加這次的班遊，然而這次班遊有可能取代未來的畢業旅行。

孩子的家人氣到跳腳

「自己的孩子不能參加班上的畢業旅行?!」這件事讓整個家庭成員全都跳腳了。

孩子的媽媽說：「我知道我的孩子在學校很皮，我也跟老師說：『請老師平時盡量處罰他，沒有關係。』但是因為孩子皮，就不讓他參加畢業旅行，我覺得不是很恰當……」

孩子的爸爸說：「我也去學校溝通過，希望老師能換個別的方式來處罰，甚至主任、校長、家長委員都去說了，可是這老師的態度還是很硬、很堅持……」

孩子的奶奶說：「他以前的那位老師比較好，現在這老師很不通情理……」

大家你一言、我一語氣憤地說著，感覺整個餐桌上都快引發大暴動了。

於是我說：「現在不是討論這件事情的時機，尤其是在孩子面前，他其實都在聽大人們在說什麼。」

全家人此時才安靜下來，大家轉頭望向孩子，孩子的臉上也是一副氣憤的表情。

別讓孩子複製大人的情緒

我說：「要評論老師的作為時，盡量不要在孩子面前。也不要把『以前老師做了什麼』和『現在老師沒做什麼』拿來比較，因為每位老師的個性不同、做法也不同，這樣比較，只會讓我們更看不到老師其他的優點而已。重點是我們的孩子，在歷經這些事情後，他的想法和心態又是什麼。」

孩子忿忿不平地說：「可是，我又不是班上最壞的，還有其他人也有被老師罵啊，為什麼只有我和另一個同學不能去？」

孩子的媽媽補充：「老師之前有把我叫去學校，說班上有三位同學平時秩序很差，有兩個人可能不能去。老師有暗示我，他是被列入觀察名單中的其中一位……後來又爆發了『對老師的不禮貌事件』，所以老師就不讓他去了……」

原來老師先前曾經跟媽媽提醒孩子的態度不佳。後來，有一次老師在管教這孩子時，孩子因生氣而回了一句「要你管」，才會引發後來不能去班遊的結果……

我說：「這就是為什麼盡量不要在孩子面前討論老師的作為，甚至是批評老師。因為在當下，大人們其實帶著太多主觀的情緒，而**當孩子的內心複製了大人們的情緒，之後回到學校，他也會以這種情緒面對老師**。但孩子這種態度，只會更讓老師覺得這孩子很難管教……」

建議家長聯繫老師，弄清楚事情的緣由

要做到在孩子面前不批評老師，這真的有很大難度，包括連我自己，有時候聽到小蘇姑娘講述班上發生的事情或導師的做法時，我也會忍不住插上幾句話。

因為我們是如此關心孩子，擔心他在班上沒有被善待，但這些**內容大多由孩子單方面講述，孩子一沒有傳達清楚，就容易發生擦槍走火的親師衝突**。

而且，若沒有和孩子站在同一陣線、同一個鼻孔出氣，日子久了，孩子也會覺得我們當爸媽的不想同理他的處境。

但是**我們至少要能做到，不在當下用情緒字眼來批評老師**，因此也許我們能這麼說：「我不太同意這樣的做法……我來聯絡老師，弄清楚事情的細節是什麼……」透過與老師密切地聯絡，可以將彼此的誤解先行化解開來；同時能避免讓孩子複製我們的情緒表達方式，不至於發生孩子在課堂上對老師不尊敬、失去師生之間情感連結的憾事發生。

這位媽媽說：「我也有罵他不可以對老師這麼沒有禮貌，有什麼話，要好好說。其實自己的孩子在學校讓老師很頭痛，我們也覺得很抱歉……」

和孩子溝通時，避免在很多人的場合

這件親師衝突的最大引爆點，就是孩子的態度。

過去的經驗顯示，和孩子溝通時，盡量不要在很多人的場合。孩子沒有辦法靜下心來好好思考，同時他也習慣用他人的思維來回答問題。所以我把他帶到房間去，和他深入地聊聊這事件背後所代表的意義是什麼。

在和孩子的談話中，我可以感受到孩子從剛開始的憤怒情緒、遷怒其他同學，轉變成看清楚事件的起因，以及自己所帶來的傷害，到最後願意用書寫的方式，跟老師表達內心的歉意，並且希望老師能感受到他想要轉變的決心……

換個角度，想想老師為何這麼做

與孩子的談話結束後，我再和這位媽媽聊。

我說：「先不論這老師的做法適不適當，我們可能要換個角度，來想這位老師為何這麼做。其實這位老師承受著很大的壓力，主任、校長、家長會長全都來關切這件事了，為何她還是這麼堅持？她肯定下定決心，要給這孩子一個教訓，即便在學校裡黑掉，

她也豁出去了。但她是願意給這孩子機會的老師，所以她先請媽媽去學校談這件事，她的內心一定希望從這樣的警訊中，有看到孩子的改變。但後來的不禮貌事件，她覺得感受不到孩子良好的態度，更讓她相信她的決定是對的……」

孩子的媽媽說：「上回他回來後，被我罵得很慘。我說：『你已經被老師列入觀察名單了，你還對老師不禮貌？老師當然不給你去啊，她怕帶你出門，你根本就不遵守秩序，闖下大禍怎麼辦？』」

我說：「所以，這件事情已經無關於能不能去的結果了。**問題的起因在於孩子，要解開這問題，也只有孩子**。孩子必須讓老師清楚感受到：他對自己在學校裡經常秩序不佳感到抱歉，他對老師不禮貌這件事情感到抱歉，以及他有想要改變自己在老師心中形象的決心。表現給老師看，並且堅持下去，那才是老師日後會不會更改她決定的關鍵。」

媽媽說：「對啊，我也一直跟他說，他應該拿出決心給老師看，讓老師有感受到他變乖一點了。成績考好、考不好是一回事，重點是態度和禮貌。我很在乎他的品行。」

孩子在聯絡簿寫下歉意，獲得老師誠摯回應

孩子坐在我們旁邊，一字一句慢慢地寫下他內心的歉意，以及內心想證明給老師看

的心意。

孩子的態度，已和剛才全身都是刺的模樣截然不同，而是一個靜心下來、願意真誠表達內心情感的好孩子。

而孩子寫的這一篇聯絡簿短文，隔天也獲得導師的誠摯回應……

◆◆◆

我常在想：**親師之間的衝突，通常都是來自於親師雙方各持著自己的評論、委屈，甚至是以情緒進行溝通**。但有時候衝突的關鍵，在於夾在中間的孩子身上；要解開衝突，也可能要從孩子身上著手。

那麼，有沒有可能，我們親師之間放下成見，從天秤兩端的對立位置，走向同一端，眼神向著孩子的角度，共同握手合作，來改善孩子的行為呢？

只要孩子的問題改善了，相信不管是待在教室裡的老師，或是待在家庭裡的爸媽，都能像如沐春風般地愉快；而孩子也才能真正在友善的環境中，自信地成長與學習。

第三篇：成長思維

親師有效溝通的第三個關鍵心法是「成長型思維」。

教書二十多年，來來去去的孩子們教會我一個重要道理：每位孩子的人生都有不同的際遇，不應該從眼前這位孩子的表現，來預判他的未來發展。

從小始終保持在前五名的孩子，不一定會在未來發展得最好。我看過不少資優生在人生道路上意志消沉，跌跌撞撞；而那些從小貪玩、不喜歡學習、經常闖禍的皮蛋們，也有可能在未來人生裡，創造出自己的獨特與價值。

這就是所謂的「**成長型思維**」：**用拉長時間軸的觀點，來看孩子的學習與成長**。相信孩子此時只是暫時找不到方法，而錯誤是他最好的學習養分；相信每一位孩子都有其獨特性與優勢，而我們也要因應每一位孩子的個別差異，給予更多的彈性。

我也常跟老師及家長們分享我自己在成長型思維的實踐與收穫，從「不理解」、「想放棄」、「又錯誤」、「這好難」、「夠好了」、「不聰明」、「很完美」、「很糟糕」、「不擅長」這些內在的負面標籤，轉念成一句鼓勵自己的成長話語，就能湧現許多力量來面對眼下的困境。

老師用成長型思維來與家長相處，就不會覺得家長很糟糕，總是放任小孩；而家長運用成長型思維來和老師相處，就不會覺得老師處處在找麻煩。

很多被困住的情緒，會被正向的成長思維所轉化，因而有了更多善意的互動。因為相信一切都是寶貴的學習體驗，孩子就會在成長型的親師關係中，有了更不同、更多元的發展。

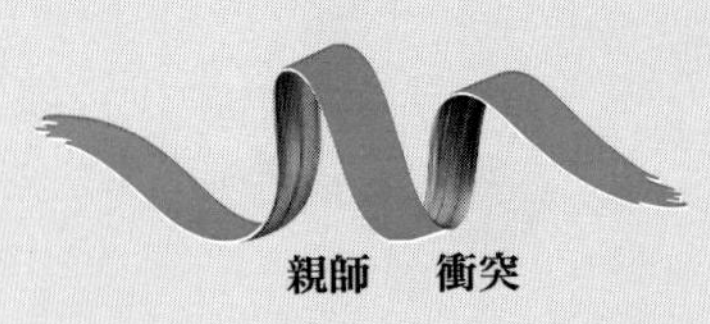

老師篇

老師要如何運用成長型思維在親師溝通呢？首先，可能要去掉內心對於孩子的負面評價，真心相信每位孩子的學習步調不一致，因而願意給予更多的彈性與等待。

這些年來，對於成長型思維這個觀念，我愈來愈有感而發，原因是我自己也深受老師這個工作的「控制」職業病影響。

教師這份工作比較麻煩的是，我們的教學一直是在某一個進度的狀態下進行。我們有趕課的壓力、教學進度的壓力，以至於我們希望整個班級的學生都能統一地快步前進。也因此，當我們看到班上有學生落下、拖慢了我們的進度，我們會感到有些不舒服，因此會希望把這學生再推回團體內，讓他回到進度裡。

但如果這孩子一直沒有辦法跟上進度，就會成為我們心中過不去的坎。

老師們很用心在捍衛教室裡的公平，這是班上學生的福氣。但也請小心，當我們要求極致公平的同時，常不自覺地忽略每位孩子的個別差異。

每一位孩子都有他自己獨特的個性和優點，也有需要加強學習的弱項，如果我們始終用單一的標準來看每一位孩子，很多孩子的優點會被我們壓制，也有很多孩子跟不上統一標準，學習也會深深覺得痛苦。師生關係變得緊張，親師溝通上也就會產生很多親師衝突。

所以，**要提醒當老師的我們，要將心中的控制慣性放下，給予每位孩子不同的衡量標準，允許孩子小小地犯錯，也將統一、制式化的規範鬆開**。

例如，當我們要求全班學生完成某項作業，是相信這作業有助於學生的學習。但我們可能忽略對於一些動作緩慢，甚至學習困難的孩子，他們可能無法獨力完成，或需要花更久的時間，而這種需要家長全力協助的作業，學習成效也很有限。

可以的話，為這些孩子替換能獨力完成的作業項目。當老師願意給予這些孩子多一些彈性時，孩子會感謝老師，他們的家長也會鬆一口氣。

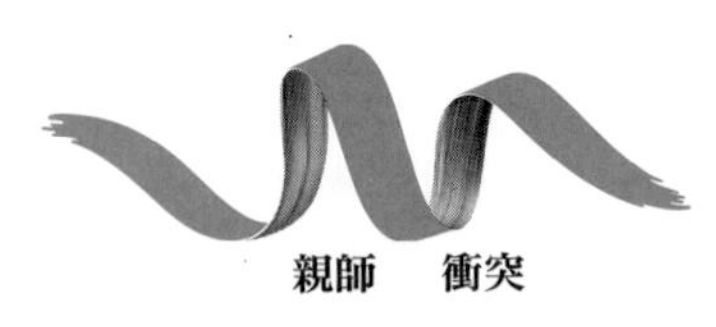

孩子不寫作業

——與家長溝通＋與孩子情感連結

我的信箱裡，收到一封馬來西亞老師的來信，提到關於學生回家不寫作業的問題：

今年接了五年級，這班有個可愛的小女孩。脾氣很好，很樂意和其他同學分享自己帶來的文具。她從來不會拒絕借自己的文具給其他同學使用。

但是這位小女孩就是懶惰，全校的老師都拿她沒轍，每位老師只要教到她都會搖頭。今年，如此幸運地，讓我碰上了她。我教她馬來西亞文，這是她的死穴，要讓她對這個科目感興趣真的很難。她什麼功課都不做，不管會做的或是不會做的，一律都不理睬。

剛開始，我很有耐心地每天留校教導她完成課業。她每次沒有做課業，我都沒有發脾氣。因為我很清楚知道，即使罵了，也無效。如果有效，其他老師就不會那麼頭痛了。

但是看到她根本不願留下來，抗拒學習，有時更是完全依賴我。我曾和她父母溝通，但父母覺得她的孩子對讀書沒興趣，不應強迫孩子，也覺得孩子沒有完成課業不是一件大事。這孩子家境不錯，所以父母對於教育沒那麼重視。請問該怎樣激起孩子的學習興趣呢？

看起來，這師生問題的癥結點在於寫回家功課。孩子不寫作業，讓老師覺得孩子懶惰、令人頭痛，但孩子的家長不願配合，也讓老師傷透腦筋。

從留言中，我能感受到這是一位很有教育熱忱的老師。應該說，這問題源自於家庭，家庭中的成員並不認為完成課業是一件很重要的事，因此也讓孩子產生這樣的迷思。所以關鍵的處理原則，應從「孩子的家庭溝通」著手，以及「與孩子的情感連結」來進行改善。

不過，面對孩子的家庭，可能我們要先站在家長的思維想一想：「為什麼寫功課是重要的？寫功課就代表成績會好嗎？成績好，就代表未來前途有保障嗎？」當我們老師把這件事情認真想清楚，且有辦法說服我們自己時，才有機會說服家長。

從7個角度，跟家長談「寫功課」

我也常從這個角度，跟家長談寫功課這件事：

1 **寫功課，其實是對自我學習的一種負責態度**。在乎自己的表現，未來在工作上才會更加有責任感。如果孩子不喜歡某項功課，那麼，我們親師生三方面可以來聊聊怎麼樣把功課項目替換或變得較有趣。但是一旦孩子承諾了，就應認真完成，因為那是尊重自己的行為與態度。

2 **寫功課，是一種當天功課的複習**。透過寫功課，可以了解當天沒有學好的地方。我在出回家功課時，都是認真考量去搭配當天的學習進度，好讓學生回家能藉由寫功課複習當天所學。

3 回家不寫功課，就需要在學校補寫功課，占去許多下課時間。當大家都在玩，她卻在補寫功課，老師看了也實在不忍心。同時，每天都在補寫功課，別人在學習新事物，她卻在補寫功課，也不利她新的學習。長久下來，成績會退步很多。

4 **容易影響人際關係**。通常一天到晚事情沒做好、常被老師責罵的孩子，學生們比較不喜歡這類型的同學，因此容易交不到朋友，也會影響她在班上的人際關係。

5 整天常處於事情沒做好的狀態，容易變成沒有自信的小孩。

6 和家長分享，我們覺得她在學習上過得很辛苦，希望能幫她解決這個影響她學習及心理上的大問題，也邀請家長一起來協助這孩子。

7 接下來，**教導家長在家裡有什麼策略，可以協助孩子順利完成課業**。

老師與孩子之間是否有情感的連結，很重要

其次，是老師與孩子之間情感的連結。我們必須自問：

1 有時候孩子會因為喜歡一位老師，而改變長久以來的不良行為。想請問學生喜歡老師您嗎？您們有過深層對話過嗎？有激起她想要改變的決心嗎？

2 這類的孩子也許並非是懶惰，而是她對自己失去信心，她長期做不到內心期許自己的標準，因此她用逃避來掩飾內心的不安。**偷懶、不寫功課只是表層行為，深層的問題可能是一直以來的無力感**，讓她先逃避或選擇了自我放棄。

3 您可以從「別的老師都鞭打她，但您不想，您想要幫助她」的角度來和她談。讓她感受到老師想要協助她的心意。

4 接著，給她彈性，讓她從少數作業開始。以前沒交的作業就算了，只要她從現在開始，完成她承諾的作業量。是否考量用比較有挑戰的作業，來取代抄抄寫寫的作業？**彈性，對於這麼特別的孩子而言很重要。**

5 讓她在學校裡，完成當天的作業。教她有效率地寫完作業，她會發現，其實寫功課只要有方法，回家前，作業都可以寫完。

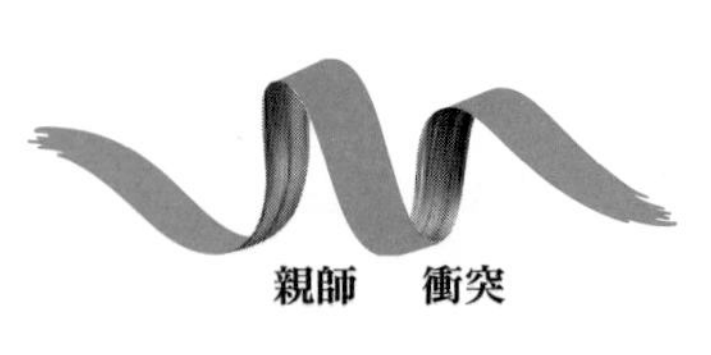

6讚美她一小部分的進步，讚美她願意改變的心意。讚美，是一種支持的力量，這會讓她有勇氣完成眼前這一小步，又繼續往下一小步的改變前進。

不知不覺，回信寫了好長一串，將近一個月後，我收到這位老師的來信：

上次發問後，小女孩有點改善了。在學習上，看到她會自動自發地找字典；但是對於寫功課，我還是覺得很棘手。

一開始，我是有給較少的回家功課，只要是她在學校完成，都沒有問題。第二個星期後，我嘗試讓她帶回家做，感覺就像是幸運抽獎那樣。如果有抽到我的功課就有寫，如果那天沒有抽到就沒有寫。這孩子對我而言，真的是挑戰連連啊！

這樣的回覆，一方面讓人欣慰，一方面也讓人嘆息。這位老師認真地實施我的建議，感覺在學校裡有些成效，但一回到家裡，孩子就回到原狀。

問題的癥結還是一樣，如果沒有邀請家長一同來協助、一同來關心孩子的學習，**若沒有在家長的心中也植入成長型思維，老師對孩子的輔導永遠只有半套的效果。**

老師，我氣到想揍孩子一頓！

——在家長心中植入「成長型思維」

我曾經教過一位身世悲慘的男孩，他的身影始終縈繞在我心底。

他是一位特殊生，來自於一個組成十分複雜的家庭。爸爸是學校裡赫赫有名的難纏家長，剛開學時就經常每週數次衝進學校，然後站在教室外，大聲質疑老師的教學。後來，男孩經常被罰跪、家暴。有時候我接起爸爸的電話，一談就是半小時起跳。

再三穩住暴怒的爸爸

這一天，我的手機裡連續有四通的未接來電，並傳來一則訊息：「老師，您好！有

急事找您，請您馬上給我個電話，謝謝，感恩！」

我撥電話過去，電話那端，劈頭就來一句：「老師，怎麼辦？我已經忍不住想給孩子一頓『竹筍炒肉絲』了……」

我只能再三穩住這爸爸的情緒，希望爸爸能在穩定的狀態下，再來處理孩子的問題。我提醒爸爸，**處罰可以，但要有意義，不要因為生氣而處罰孩子**。尤其是男孩長久以來已養成只要感到生氣、難過或恐懼，即會進入石化不語的狀態。此時無法進行溝通，也許再緩一下，等孩子的心情稍微平靜後，再來好好地對話。

最後，我也請爸爸不要灰心。**不要一直說「孩子壞透了」、「完全沒辦法教」**。孩子才五年級，都還來得及，也有時間可以好好地教導他。一次不成，再來一次；今天失敗了，明天我們繼續努力。

電話結束前，我感受到這爸爸語氣的平靜，至少他有發出一陣苦笑聲，我也發出一陣苦笑。看來，今晚也算保住男孩了。

該怎麼說呢？這亂七八糟的家庭裡，隱含著太多的怨懟、痛苦與無奈。

明天到校後，我要來好好安撫一下這孩子。

真心希望男孩和這爸爸都能穩定下來，並從中感受到他們彼此仍有愛，也從中看到彼此內心最深的期望。

我一直都有感受到你想照顧好男孩

僅隔幾天，這位爸爸又奪命連環 call 了我兩天，每天連 call 我五回合。我雖然延後冷處理，但最後我還是心軟，回撥電話過去。

電話一連線，爸爸劈頭就是對他孩子的一陣狂罵，諸如沒吃藥、飯後喝飲料……這類雞毛蒜皮的小事，也能引發一陣狂怒。

我一再安撫他的情緒，向他解釋：「孩子畢竟是孩子，這些行為每個孩子都會出現，包括我女兒也會。但孩子就是需要我們不厭其煩地一再叮嚀。」

這爸爸一直提及不想要男孩了，想把孩子送回寄養家庭。

我問：「那你不會捨不得嗎？」

「當然會捨不得。」

「那如果孩子真是送到寄養家庭，孩子以後什麼時候可以回來？」

這爸爸說：「一旦離開後，就一輩子跟我沒任何關係了。」

在那瞬間，我突然想對著這位爸爸的內心好好說話。

我一直有一種感覺，這爸爸雖然用錯誤方式教導孩子，但他仍是盡全力，想當一位被認同的好爸爸。那些百般的抱怨與斥責，其實都隱含著他深深的無力感；而這樣的

奪命連環call，其實是一種求救訊號。

我想為自覺人生一無是處的這位爸爸，連結一份自我價值感：「我一直都有感受到你是一位好爸爸。你有盡全力地想照顧好孩子。」

我想為束手無策到只想送走小孩的他，拂亮內心那份對孩子的愛：「我有感受到你很想用心地教他。你很愛他。」

沒想到電話那頭一陣靜默。這爸爸接著開始哽咽。

孩子此刻欠缺的是方法

他說他活到五十幾歲，養到難帶的孩子，才終於明白什麼是「養兒方知父母恩」。他悔恨他年輕時不懂事，沒能好好孝順父母……最後，這爸爸在電話那頭泣不成聲。

我訝異極了，我未曾想過，為這位爸爸連結自我價值感、讓他感受到內心的愛，竟會惹得他痛哭失聲。在那瞬間，我看到正向語言的強大力量。

我為這位爸爸植入一些「成長型思維」。我安慰他，說：「**孩子其實有愈來愈進步**，尤其是在學校。我感受到他的積極與熱情，我們要往好的方向看去。孩子有和顏悅色地聽話，代表我們的溝通有效，**但孩子現在最欠缺的，是教導他建立起他能落實的規範**

與習慣。孩子此刻欠缺的是方法。」

這電話足足講了半小時。最後掛上電話前，他祝我晚上騎車回家平安，記得注意保暖，小心別受寒了……

只要我們大人願意改變自己，一切都還來得及

掛掉電話後，我的內心百感交集。

某部分的我覺得欣慰，但某部分的我又深感無力。我感覺自己能同理這爸爸的處境，但無力的是，我還是沒能力在電話裡教會這位爸爸，好好地和孩子說話。

這是教書這麼多年，第二次遇到在電話那頭哭泣的家長。

前一位家長也是哭喊著：「讓孩子被抓去關好了！」這樣的宣告放棄，其實隱含著爸媽某種努力後的無能為力與自責，但這樣的全然放棄，對事情根本毫無助益，只會讓孩子更感覺自己一無是處而已。

不，不，不。我堅信著，一切都還來得及。只要絕不鬆手，只要我們大人願意改變自己，一切都還來得及。

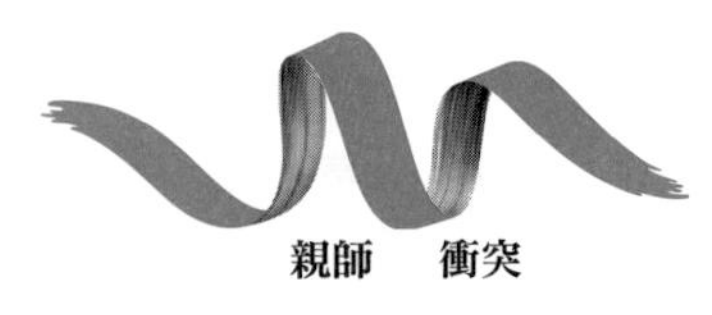

絕望的爸爸：「我的孩子乾脆被抓去關起來！」

——請你千萬不要放棄自己的孩子

我一直覺得上天對我很好。在我的教學生涯中，就在我覺得自己好像教得還不錯的某些階段，就會送來幾位我從未遇見過的學生類型，好讓我學習如何去帶領擁有不同特質的獨特孩子。

或是，我仍然無法有效解決之前學生的問題，畢業後，心裡也仍掛念他的未來發展時，下一個班級又會遇到類型相似的學生。

例如，逃學的小智。

每位孩子都可以被教導，不應該被放棄

當分班的名單一公布，許多同事看到名單後，不禁轉頭看我，嘖嘖稱奇地說：「你和他們家，究竟有什麼奇妙的緣分啊？」

我能說什麼呢？我只能苦笑。小智就是在《希望教室》書中〈逃學女學生〉的弟弟。就在我還擔心女孩畢業後會不會又發生什麼令人擔憂的事，沒想到四年後，我又再度帶到她的弟弟。

當我開學前做電話家訪時，他的爸爸一接起電話，也大驚失色地說：「怎麼又是你？」

對呀，怎麼又是我？當下，我心裡也納悶不已。

說真的，帶到一位需要長時間掛心的學生，那在心裡鑿下的痕跡，實在不是短時間內就能抹平。

而某種程度來說，在我的心靈深處，我一直對這對爸媽有些情緒。

面對每一位孩子，我始終相信：每位孩子都是可被教導的，不應該被放棄。

但是，**如果孩子一直處在被放生、孤單、不被理解、痛苦的成長環境，原生家庭不願意配合或改變，學校這端再怎麼拉著，也喚不回日漸走入歧途的孩子**。

不過，一見到小智，我覺得好詫異。

他不像傳言中成天惹事的囂張、跋扈，反而是長相斯文、身形瘦小、說話超小聲，一副弱不禁風的小帥哥模樣。

上天給了他一副好外在，我希望他的內在也能夠一致，學會感恩上天所給予他的優勢，享受在學習的樂趣裡。

我總是對他時時耳提面命，我也談到過往姊姊在小學時發生的許多件「大事」。我說著我的擔心與無奈，更期許他能避開那些成長風暴。

孩子連續數日沒回家

不過，隨著時間的推進，沒想到小智也開始出現同樣的學習狀況：經常性上學遲到、無故未到校……我致電詢問媽媽，小智人在哪裡，總是得到各種奇怪的請假理由，更別說每天作業總是未寫、未交出。

由於家中從事餐飲業，小智經常從櫃檯隨手抓了把錢，就從後門溜出。身邊有了些錢，放學後，和中輟國中生在街上鬼混。漸漸地，玩到半夜還沒回家，有時候徹夜未歸，隔天在家裡睡一整天。更嚴重時，連續數日沒回家，也找不到他的人。

那陣子，我都在幫忙找小孩，每天都和小智媽媽密切聯繫。

好不容易小智終於回家，我請媽媽不要再幫小智找藉口了，立刻把他帶來學校。

媽媽拉著孩子，要他跪下

那天，媽媽帶著小智走進教室。小智低著頭，不說話。媽媽喝令小智對我道歉：「跟老師說對不起，你這樣對得起老師嗎？」

媽媽愈講愈激動：「老師對你那麼好，你為什麼不來學校？」

「跟老師道歉，老師為了你姊姊和你，這幾年這麼辛苦，你卻一直在外面闖禍？……你給我跪下，快跟老師說對不起，跪下！」

媽媽泣不成聲，一直拉著小智要跪下：「你不跪，是嗎？我來跪……」

我連忙把媽媽扶起來。我知道此刻她對小智的擔憂淹沒了一切，她的心碎成一地。

原來，小智的媽媽心裡一直很清楚在姊姊國小時，那兩年我對她的用心。媽媽的心裡懊悔自己在教養孩子上的疏失。

在那瞬間，我體會到即便是這樣的家長，內心還是愛著孩子的，內心還是有著千千萬萬放不下的擔心。

為怕小智不回家，我每天騎摩托車載他回家

找回小智後，那幾個禮拜，小智都乖乖來上學。媽媽也密切與老師配合，感覺我們內心懸著的那顆大石頭終於可以放下了。

但小智的問題，從來都不是源自於學校。

來到學校的他，總是安靜地坐在自己的座位上。上課，他會認真聽講，下課時會微笑與我對話。

小日記裡的童言童語總是惹我發笑，他承諾他會每天乖乖來學校上學；有時候，他會畫個哭哭臉，表達他的歉意，不好意思，又讓老師操心了……我深刻感受到他的內在與外在行為是兩回事。他的內在就是一個孩子，一個渴望被關愛、想學習，也明白是非的孩子而已。

他的問題，來自於放學後的那段時間。

為了怕放學後，他又不回家，為了怕他在放學路上又跑去跟中輟生鬼混，於是我每天騎著我的摩托車載他回家。他早上起不來，我就衝去他家敲門，載他到學校上學。

這一載就是一個多月。有時候，他連續好幾天都有乖乖準時到校上學，放學後，我們師生兩人就會騎著摩托車，刻意繞點遠路去買些下午茶點心，心滿意足地吃吃喝喝一頓後，一大一小再騎著摩托車回家。

只要父母不放棄，孩子還是有回頭的機會

不過，好景不常，小智的狀況又開始反反覆覆出現，甚至更加嚴重。他在校外霸凌並毆打其他學校的學生、破壞他校的校園設施、偷竊被抓，甚至離家出走長達一個月沒回家……

少年隊來了，警局也去了。當我到警局探視他時，他不發一語，眼神空洞，也不敢看我，那模樣看得令人心碎。

每回見到他的爸媽，爸爸的眼神總是閃躲著我。

我說：「再這樣下去，可能會更加可怕，不是被黑道吸收，要不就是沾惹上毒品。到時候要救，真的就來不及了。」

「乾脆被抓去關起來好了。」

聽到這句話，我憤怒極了，沒想到爸爸又喃喃地說：「這樣還比較安全些，我會知道他人在哪裡。」

媽媽則是在電話那頭哽咽地說：「老師，困在這樣的生活裡，我真的沒有辦法。我

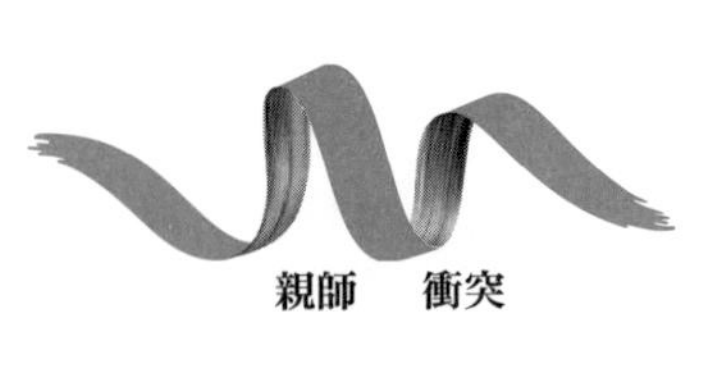

真的不知道該怎麼教他，我好想放棄啊！」

我說：「小智媽媽，請你千萬不要放棄。此刻，你放棄了，就代表全世界都遺棄了小智。他的內心會覺得自己糟糕透了，只會更加地放棄自己。但是只要你不放棄，死命拉著小智不放手，小智還是有回頭的力量。」

我們所有人都被困在黑洞裡，我、學校主任、小智的爸媽，甚至是小智自己，無助感幾乎淹沒了所有人。

但，就是**不能鬆手，一鬆手，就再也回不了頭了**。

小智需要一所輔導機制更專業的學校，附近的學校卻客氣地表示應該會有其他更適合他就讀的國中，而他的爸媽也希望他能斷開與鄰近中輟生的連結。

跌跌撞撞地，來到了畢業前夕，小智的升學成了大問題。

小智成為被踢來踢去的人球，一直到畢業了，還找不到適合的國中就讀。

那時，小智也發生了一件更為嚴重的吸毒刑事案件，鬧到變成社會版面的新聞。最後是教育局出面，輔導他進入一所寄讀中學，小智才得到後續較為適切的安頓。

親師生都落淚

還記得那一天我正騎著摩托車，手機響了，是小智媽媽打來電話。

小智媽媽說：「謝謝老師你這陣子的協助，讓你費心了。小智的事情總算告一段落，也找到合適的國中了。」

「真的，真的，很感謝你……」說著，說著，又哽咽到說不出話來。

小智也接過電話，哭著說：「老師，謝謝你。」

我站在路邊，聽著小智母子在電話裡哭成一團，我也默默地流著眼淚。

我的內心感謝著這一切，至少，至此，小智的小學生活終於畫下比較圓滿的句點了。

只有老師拉著孩子，是不夠的

暑假中，我收到一則小智傳來的簡訊。小智說：

「嘿，老師，你最近過得好嗎？老師，我現在發現原來國小是那麼好玩，老師都對我很好，但現在想挽回，已經來不及了。我要回去國小啦！」

收到這則簡訊，我的內心百感交集。多年後，再書寫小智的故事，我的內心有著更多的感觸。

以前的我，總是對這種家庭教育失衡的現象悲痛不已。我捨不得那些因被放生而誤入歧途的孩子，我總是想：如果他們出生在更好的家庭，應該會有不同的際遇吧？以前的我，總是豪情萬丈地說：「沒關係，你的爸媽不教你，我來教。」

但**現在的我，會試著同理那些哭泣的家庭**，看到身處其中的無奈。爸媽都有解決不了的問題，自己都是長不大的任性小孩，怎麼有辦法去幫助孩子走出困境呢？

現在的我，也明白了，只有單方面拉著孩子，絕對是不夠的。唯有在家長心中植入「成長型思維」，唯有家庭和學校一起守護著孩子，為孩子注入力量，孩子才會有持續改變的機會。

重新再回顧這段過往，我也看到了那些不厭其煩的親師溝通與合作，在巨大的黑暗裡，仍然透著微小的光亮。

爸媽們不願放棄孩子的心，成為孩子迷途知返的指引；而**老師不願放棄家長**，不斷給予支撐的力量、給予建議與方法，才有喚回孩子的可能機會發生。

再怎麼糟糕，都不會比放棄孩子還來得糟糕。任何一個孩子都值得被守護，只要不輕言放棄，永遠都不會太晚，一切都還來得及。

家長篇

每回遇到親師衝突時，我除了提醒家長要理性地溝通、對事不對人，更重要的是，要保有成長型思維的觀點。

有時候，回想起過去年輕的自己，的確犯過不少錯誤，也做出不是那麼妥當地處置。但是隨著一屆又一屆的修正，我發現愈能敏銳覺察到自己還未做到完美的部分，試著及時補救，讓每天的教學運作可以更加順暢。

這的確是需要時間及經驗的累積。有時候在當下真的不容易看到自己的盲點，但那的確是我當下最努力的狀態了。

應該是說，大多數老師都是很用心、很努力地想要把全班教到最好。老師們

當然不希望家長有微詞、指責他的不是。不過，人都需要時間成長，你遇到的老師，可能不會是你心目中最理想狀態的老師。但是對他而言，當下，他真的是盡力了、很用心了。

用成長型思維來看跟老師的相處是重要的。我們當然可以很理直氣壯地指責老師做得不夠好，但是，**也許我們也可以換一個視角：這老師是用心的，只是好像有一些地方有盲點，也許我們可以來協助老師的成長。**

當這個老師成長了、願意修正自己的盲點並調整時，其實受惠的反而是您的孩子，以及這位老師未來所帶領的每位孩子。

老師被學生激怒到失控

——家長可以從「關心老師的情緒」開始

一位名為「不想幫兒子轉學的擔心媽媽」來信發問，但特別的是，她自己也是在補教界服務十多年的資深老師。

而從信件的內容讀來，不管是站在老師的角度，或是站在家長的角度，這都是一則沉重的問題。

今天，兒子的老師又生氣了。開學至今不過三個多月，我想她與班上的小朋友應該都是不快樂的吧！

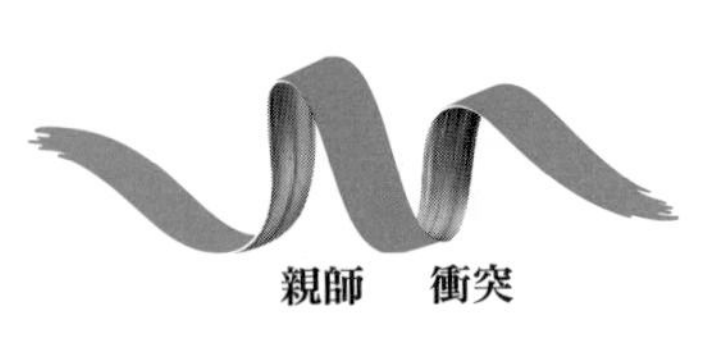

被小朋友激怒的她，把小朋友的課桌椅拿起來摔，把置物櫃裡的文具一件件的往外丟，還要求班上的小朋友不可以回家告訴父母。

今天當小朋友都尊敬地跟導護老師問好時，班上其中一位小朋友故意唱反調，演變成老師與小朋友在放學的校門口互相拉扯。氣急敗壞的老師，一手拉著學生，一手往包包裡掏出手機……

有一天，我牽著兒子走路回家，兒子說：「老師說，下禮拜要跟我們算帳。」

我問：「為什麼？」

「因為有人惹老師生氣……」兒子說。他的臉上有不明所以的擔憂。

我問他：「你也是嗎？」

他說：「我也不知道啊，老師說是全班！」

這時孩子剛從小二升小三，重新編班，換新導師。開學尚未滿一週，我接兒子回家，每天必問的問題是：「今天你們有誰惹老師生氣嗎？」

雖然老是那幾位；雖然我一直教育兒子老師是愛你們的，所以要乖乖的，而且我也是這樣告訴自己，但是這一群小三、才九歲的小孩，真的有能力去面對、有能力去理解重新編班的三年級新導師嗎？

想請教我該如何以家長的角度，向老師表明我對她的支持？在補教界做了十多年的我，深深能夠了解：當一位老師所需費的心力及時間，非外人所能理解，所以我能體會她的心情與相對發生的舉動，所以，我更心疼這位老師，也更心疼這一群稚嫩的小朋友，但我該如何做，才不會逾越身分與分寸呢？

從信件的內容看起來，老師因為被學生激怒而做出一些不適切的反應。**我真的要提醒老師們**，在現今親師關係緊張的社會氛圍裡，**一定要特別留意在情緒波動中的言行舉止**。因為從這樣的描述看來，的確會覺得老師的情緒失控。很多家長遇到這樣的狀況，可能第一時間就向學校或教育局投訴。

然而來信的這位家長，因為**擔任多年的補教老師**，**深知老師這份工作所伴隨的情緒、壓力**，因此希望能以家長的立場，對老師表達她的支持與理解，進而協助舒緩老師與學生之間的緊張關係。

親師衝突若持續，通常都會兩敗俱傷

這位家長不僅表達出對教師的同情和支持，同時也傳達了一個重要的觀點：**在教育**

共同體中，理解與合作，往往比起對抗或投訴，更能促進積極地改變。

因為我們都知道，這類事件若不斷持續或擴大，通常只有兩敗俱傷的結果：不是家長們陸續把學生轉走，要不就是家長群起抗議，最後緊急換老師。轉學，孩子需要到新環境重新適應。換老師，這件事情要成立，也不容易，必須有老師明確的違法事實，同時要在學期中臨時招聘新老師，也是困難重重，通常只有短期代課老師或實習老師可以接手，最後整個班級往往是在動盪的混亂中撐到學期末。

所以，在事態還沒有引發嚴重後果前，也許我們可以有一些緩衝的做法。

從同理、關懷老師的情緒開始

先是同理這位老師。老師會有這些行為出現，不外乎有以下幾個原因：

1這位老師本身屬於較嚴厲的帶班風格。開學初期，她希望用這樣的方式快速建立常規，讓學生學習守規矩。

2這位老師陷入某種情緒困境中過不去，她迫切需要協助而不自知。

3班級學生的組成十分複雜，過動及不遵守規定的學生較多，這位老師需要更有效率而不動怒的班級管理技巧。

看起來，這老師過得很不快樂，師生關係處得很僵。不快樂的老師，自然也不會有快樂的學生。

親師關係緊張，絕非孩子的福氣。如果是我，會十分感謝有這樣同理心的家長，是從「想要協助老師」角度，而非從「批評老師」角度，來試著尋求解決問題。

我建議這位家長能先和老師當朋友，從關懷老師的情緒開始。**這位老師需要有一些「家長朋友」**。如果有家長可以聽她吐苦水、有人幫她想辦法，她就會有比較好的情緒來面對班級，也會感到不好意思地修正自己的情緒、行為。

我有一位家長，只要經過學校，都會帶來一束鮮花。她是一位愛花人，因此也想和我分享愛花的喜悅。每回收到她的花時，教室裡都因為這束百合或野薑花，布滿著芬芳的幸福感。連帶地，教室內的氣氛也改變了。

全班學生包括我在內，都在這樣的氛圍裡，變得更感性，而富有包容力。而我的內心，其實十分感激這位「家長朋友」所給予的回饋與肯定。

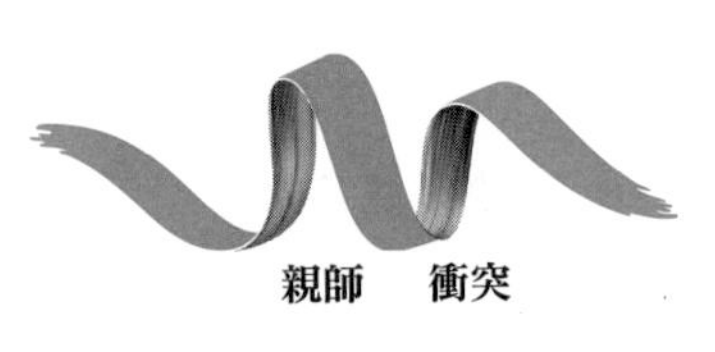

老師需要教學策略及班級管理技巧的協助

其次，這位老師需要一些教學策略及班級管理技巧的協助。

老師們需與時俱進自己的教學與班級經營技巧。如果老師很樂於接受新知，家長可以提供老師相關的書籍或文章，或者分享相關的講座資訊，這些都是不錯的方式。但**請一定要「單純的分享」**，而非「在潛意識裡期待老師改變」的出發點來做這件事情。只是**送書給老師，或分享好文的時間點也很重要**，一定要選在燈光美、氣氛佳的正確時機，免得老師們會有「家長是否在暗諷老師做得還不夠好」的誤解產生。

家長們到班上擔任志工

家長們也可以自願到班上擔任志工，例如：班上的認輔志工，或是晨讀媽媽，或幫班上補充圖書、協助推動閱讀活動、為班級上一堂課，站在第一線來協助這個班級。藉由關心班上這些有狀況的學生，協助改善他們的問題，那麼這些孩子就會更步入軌道，而不再是老師眼中頭疼的角色。

而在面對這些孩子的問題，尋求更有效輔導方法的同時，**老師和志工家長成為合作、**

討論的夥伴，會激盪出更多的創意來，連帶地也會不知不覺中改變老師對學生所持有的信念。

若是這些支持與協助，仍然無法改善班級氣氛，而且孩子們所受到的傷害愈來愈大，是可以進一步請求學校行政處室，以及家長會的介入、協助。

不過，我還是希望親師關係，不要走到最後這樣難堪的結果，因為這些過程耗時漫長，動用的人力、物力驚人。我們還是希望孩子能在安穩的學習環境裡生活，我們都希望教室裡的老師是快樂的，帶領我們孩子快樂地成長。

最後，這封來信同時也在提醒當老師的我們，「社會觀感」真的很重要。老師們的所作所為，其實家長們都在檢視，豈可不戒慎小心呢？

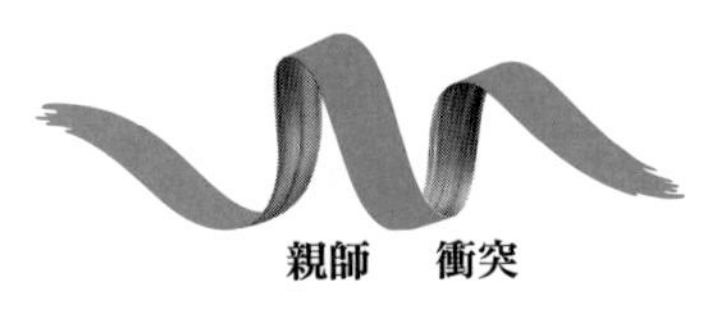

孩子說：「老師對全班罵難聽的話！」

——家長先了解孩子傳達的訊息是否適切

聽說這一班有一些家長和老師發生了親師衝突。

老師因為全班的寒假作業繳交狀況很差，忍不住動了怒，因此，用某種形容詞來隱喻需要家長幫忙才能完成作業的孩子。

許多沒交作業的孩子們紛紛對號入座。回家後，表示老師當著全班同學的面，罵著難聽的話……

接下來，就是一陣大混亂。家長們跳腳，紛紛串聯、揚言要讓學校辭退這位老師；而這位老師在學校數次落淚，跟同事訴苦，他不是這個意思。但偏偏雙方就是沒有任何坐下來好好談談的機會，全部都是身邊的人在傳話。

這就是一個很典型親師溝通障礙的例子。

首先，家長先了解孩子傳達的訊息是不是準確

我寫這篇文章的用意，並不是想評論誰對誰錯，或是評論老師這句話恰不恰當，而是想表達在親師衝突即將爆發前，我們能不能採取比較具有「成長型思維」、比較有效果的溝通技巧，來妥善處理這件事情？

當孩子在學校被老師指責了，我們家長會生氣在所難免。只是，我們要透過什麼樣的溝通策略，來表達我們家長的立場呢？

首先，家長可能要先深入了解孩子所傳達的訊息是不是適切？家長可以先詢問班上的幾位同學當天發生了什麼事，而不是向同學們確認「有沒有」這件事，應**先試著還原當時發生的時空背景**，也就是在老師說那句難聽的話之前，究竟發生了什麼事。

也許是當時老師說了什麼、做了什麼，卻沒有得到回應，也許是同學的態度不佳，或做了什麼不該做的事……這些前因後果，才是引發老師後來失言的原因。

其實老師也是人，就像家長在家裡難免會被孩子惹得惱怒，所以有時先還原時空情

境，深入了解後，才能更有智慧地處理這場紛爭。

其次，家長當面而委婉地向老師請教這件事

其次，當面而委婉地向老師請教這件事。**我不建議每回家長心中有疑慮時，總是透過其他家長或其他老師來傳達**，這樣只會把事情愈傳愈複雜，混雜了更多的猜測與情緒在其中。面對面，清楚地向老師表達：「我們一向支持老師，但發生這件事情，讓我們的心裡很困惑。」聽看看老師怎麼說，也許老師有他的難處，也試著同理當時教室裡的情境。

我一向覺得親師溝通，當面溝通的效果比起電話和聯絡簿好太多倍。直接面對面談，從臉上、語氣上都可以判斷出對方內心真實的情感與想法。也可以找比較圓融或是老師比較信任的家長前往陪同。

真誠地表達：請老師務必對此事做出補救

如果真的是老師失言了，那麼我們需要真誠地表達出：請老師務必要對此事做出補救。因為我們會希望老師在課堂裡，帶給孩子的是比較正向的影響。**也許請老師再和孩**

子們好好聊聊這件事，聊聊當時老師為什麼會說出這句話，以及應該要如何重新傳達會比較恰當。

我們的態度不咄咄逼人，我們只是想傳達出對事不對人的想法，我們只是希望這件事情能有比較好的處理結果。如果老師表達了他的歉意，那麼就讓事件圓滿地落幕。

有的家長揚言要為孩子出口氣，不弄倒老師，勢不罷休。但是我們回過頭來想想：老師在過去的這些日子，認真又盡責地教學，為孩子的學習付出了許多心血。不應該只是一句話或一個事件，而全面抹殺一位老師的用心。

同時，把事件鬧大，並不會立即得到好處。除非老師發生了極重大的過失，否則以學期制而言，以學校的立場，一般不會在學期中更換老師。因為在學期中幾乎很難找到新老師來頂替，且我們還要考慮到班上其他孩子的受教權。

而接下來的半個學期，除非轉學，否則自己的孩子和老師還共處在同一間教室裡。雖然老師不至於對您的孩子有什麼舉動，但那冷漠、什麼事都不想多做的消極作為，也絕對不是您孩子的福氣。

受了傷的老師，也許最後真如該班家長所願，離開了該班，但是心裡受傷的老師，

日後將會關起和家長溝通的大門。「多管多錯，只會惹禍上門」的心態，讓老師再也不敢認真地要求孩子，辛苦的會是日後更多的孩子。

孩子都在看爸媽如何處理這件事

更重要的是，我們的孩子都在冷眼看著爸媽如何處理這件事情。我們究竟是要留給孩子「只想討一個公道」的氣憤形象，還是要塑造一個「有智慧、創造雙贏結果」的學習榜樣？

如果您能以真誠的建議態度，持續傳達給老師：「我們一向支持老師，我們能理解老師的立場，但這件事情我們覺得困惑，我們相信老師有智慧能再一次地妥善處理。」家長一直持有這樣包容的態度，其實被傳達到溫暖心意的老師會十分感激您的。

而這也是對孩子很棒的機會教育。在社會上形形色色的人很多，在工作職場上冷言冷語中傷的話也不少，我們無法讓所有人都閉上批評的嘴，但我們卻能藉由這樣的事件，教孩子如何有智慧地化解紛爭。

這一篇的建議，對於心裡氣憤的家長，我想可能很難接受。然而，這卻是**身為老師，也是家長的我，長期從心疼老師的處境中，所發出的最深切請託**。

孩子被連坐法

——家長從「孩子心裡的委屈」切入，與老師溝通

一位名為困擾的媽媽來信詢問：

我兒子的老師，讓全班決定「只要兩人一組的值日生做不好，就要再延期兩天」的處罰。我兒子跟班上令人有點頭痛的同學為一組，目前他們已經連續做了快一個月的值日生。那個孩子不但不把當值日生當一回事，連帶也牽連了我兒子。

我跟兒子的老師有稍稍提過。一開始，我以為是兒子自己也做不好，後來才得知是班上所有的同學共同的決定。老師還表示，我如果覺得這方法不妥，可以跟他說。

我當然不會覺得這方法不好，但是兒子的搭檔是這樣不負責任的態度，已經讓我兒子

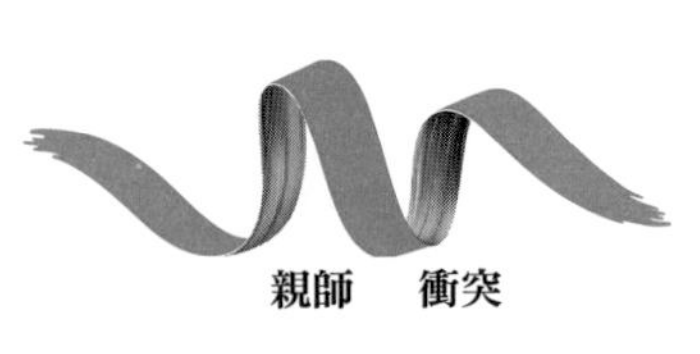

覺得這樣是不公平的，他後續還有七天的值日生要當……

我除了鼓勵兒子之外，還讓他寫字條提醒自己要做的事，以及一打鐘就拖住那位同學一起做之外，我再也想不出其他別的辦法了。

請問老ㄙㄨ，您覺得這種連坐法是好的嗎？另外，您覺得我可以怎麼跟老師溝通呢？我又該怎麼平衡我兒子的心理狀態呢？

雖然現今社會親師對立的新聞時有所聞，但是每一回收到家長這樣的來信，我都還是希望能幫忙解開這樣的親師衝突。

這個問題看似是老師的處理方式不妥，但是我覺得更應該關注背後形成的原因，以及我也想**肯定家長想要跟老師溝通的心意**。

於是，我再更進一步去了解這問題的背景：「請問一下，您孩子是幾年級的學生呢？他在班上的表現如何，在擔任值日生期間，他很認真在執行值日生工作嗎？」

這位困擾的媽媽這麼說：「我兒子今年四年級了。值日生期間，他也是有忘記關風扇、某扇窗戶沒關到，所以這部分我有請他寫字條提醒自己。

「但令他頭痛的是，另一名同學總是下課後就跑出去玩，說好的一人關一半窗戶，但那位同學卻會胡亂敷衍過去。還有因為我兒子是班長，所以有時會與科任老師出去搬東西，而導師總是在他出去搬東西時改好作業，那就得發作業，但那位同學只願意發一半。等我兒子回教室時，已經是上課時間了，另一半的作業就還來不及發，而老師會認為我兒子沒做好，就又繼續兩天的值日生工作。

「兒子說有一天他自己該做的部分都做好了，但是被老師抓到另一位同學有遺漏，所以又加兩天。對此，他感到很不公平，但是又不知道該怎麼辦才好，還說到哭了……」

這問題不只是連坐法的問題，還包括老師覺得這孩子未妥善執行值日生的工作，同時還牽涉到班規的擬定、班規的執行、孩子要如何向老師表達內心的委屈等複雜的成因。

親師之間的衝突最常發生的爭執點，在於老師是以「全班」的角度，來維持班級的規範與秩序，但是有時候在捍衛某種班級規範與力求公平性時，**不知不覺中會忽略到個別孩子特殊的需求，以及長時間所累加的傷害。**

跟老師溝通時，先從孩子心裡的委屈談起

我說：「孩子心中的這些小委屈，可能老師都不知道，看起來老師以為兩位值日生

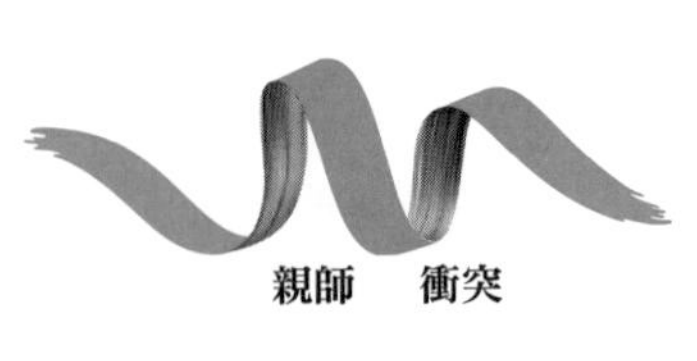

都沒有做好分內的工作。所以在和老師溝通時，先不要帶著責怪老師的怒氣，就從孩子心裡的感受、孩子心中的委屈來談即可。畢竟在忙碌的教學雜務中，老師可能只有看到兩位值日生都沒有做好，卻沒有發現孩子的內心有委屈、不平的想法。

「這位老師有說明這規定是全班同學一起決定的，也表達如果覺得這方法不妥，可以跟他說。這表示這位老師試著展現民主的帶班風格，也應該算是一位可以溝通的老師，只是班級經營的策略上，需要再調整。」

媽媽說：「這位老師的回答很直接，他說：『如果媽媽覺得這樣不好，那我們就跟班上討論不要這麼做。』但我不是要干涉老師啊！他這麼說，讓我很不知所措。」

我說：「其實您可以向老師表達：『如果我的孩子沒做好，再重做一次值日生工作，這是應該的，這對他也是一種負責任的訓練。不過，能否建議老師是用個別的值日生來檢視？盡量不要用兩位值日生一組的方式來檢視認不認真。』」

媽媽說：「這位老師說，他以前曾被某家長搞得很受傷，所以他現在都不想跟家長說太多他的想法。我是很願意接受老師想法的家長，但是幾次溝通下來，我會猜不透老師的想法，因為他不願意說太多……」

我忍不住嘆了一口氣：「**受傷的老師，的確需要我們多去給予肯定。**」

其次，再對老師提出適切、具體的建議

親師之間的嚴重對立，造成受傷的老師封閉著他的心，這是最讓人不願意見到的結果。因為要重新找回受傷老師的熱忱，好困難，也需要花好多的時間，但卻是非常重要，也刻不容緩的事啊！

我提出建議：「您就把孩子在家裡哭泣的情形跟老師分享，並且**建議能否用個別的值日生來檢視**，盡量不要兩位值日生一起看做得好不好。以孩子心裡的感受當作開場白，並提出適切、具體的建議，我想老師應該會接受，並且快速調整相關的做法。」

媽媽說：「我會再試著去跟老師對話看看。一直以來，只要是班上的任何活動，我都是最支持老師的家長。希望這次跟老師的對話，不會讓他亂想。」

這真是一位充滿善意的家長。

家長的支持，對老師來說格外重要

我說：「您真的好棒！我想說的是，老師通常都感覺自己很孤單，尤其愈堅持己見的老師，愈感到孤單。如果你在表達這件事情時，還能讓他感覺到你對他的支持，那

麼這件事過後，不但你孩子受惠，老師也會比較願意打開他的心，這對於其他孩子而言，都是好事。」

我接著說：「所以請不要灰心，**能改變老師時，我們就偷偷一點一滴地做。這次不行，我們就緩著來**。多給老師一些支持與能量吧！」

這位媽媽說：「可以聽到您的建議，真的安心許多，希望這位老師不要再封閉自己那麼多。我會努力試試看的！」

我很開心我們之間的對話，讓這位媽媽安心許多。我想，接下來，她一定能更有智慧地處理這件事情。

◆◆◆

說真的，家長們怕老師，但老師們其實也很怕家長。親師之間若對立嚴重，將造成更多封閉著自己內心熱情的老師。但是最終辛苦的，還是夾在中間的孩子。

親師之間，需要以善意與關懷來溝通。在和老師溝通時，我們盡量在話語傳達時保持友善的態度，對事不對人，讓老師能放下被指責的心防，那麼，親師間很多的衝突與難解問題，也就比較能夠大事化小、小事化無地解開了，如此孩子才能在友善的環境裡繼續學習與成長。

家中有特殊生，如何和老師溝通？

——4個建議，兼顧親師生三方需求

一位煩惱的媽媽來信，因為她有個注意力無法集中的孩子，於是想詢問該如何和老師溝通。

我讀小學四年級的兒子，長期以來有無法專心的問題，所以我帶他去醫院做檢查。在檢查報告中，提到孩子的智商是中上程度，雖然在知覺推理的表現極為優異，但處理速度則是得分最弱的，只有八十六分。且他有明顯的注意力分散、易衝動的傾向，不過他不排斥學習，也不會半途而廢。

於是，在上週的家長日，我猶豫了很久，但還是將此份報告的結論轉達給老師。醫師的說法是如果能讓他上課三十分鐘，彈性休息五分鐘，當他再回來時會較為專心。

我跟老師表示，我了解這是我不合理的請求，所以如果老師無法同意，我能夠理解，畢竟老師需管理二十多位孩子。我只是希望老師能諒解他會分心，他不是故意的，這個部分也會隨著年紀慢慢進步。

出乎意料的，兒子的導師同意了，並說會代我向科任的英文老師溝通。我也向導師表達，我會同步要求孩子自己要學習自我控制，不能要環境來順從他。

但今天中午，我卻聽到孩子轉述導師的說法，說導師向英文老師說明後，英文老師很火大地說：「叫他的家長自己來班上看看，孩子的上課情形是怎麼樣！」我既生氣又難過，孩子想學習，只是限於生理因素，無法一次學習四十分鐘，孩子也十分不願意自己這樣。即使老師礙於種種客觀因素，無法配合家長，我也能理解，但何必用這種方式表達。

回家後，我先生卻責罵我是大驚小怪。他說，說不定老師們都已將我們母子兩人貼了標籤，我們還不知道，以後只會害孩子在校無法生存、影響和同學的互動、日後當兵會被欺負、進入職場無法承擔責任、壓力……搞得我也不知道該怎麼辦才好。

我的意思是，孩子並非故意犯錯，只是短期內無法一下子專心四十分鐘，希望老師能體諒他的處境，不要老是在課堂上盯著他。他壓力大，會咬手指甲。

我究竟該怎麼做，才是比較好的？

這個來自於煩惱媽媽的求助訊息，是多年前在部落格上的一則發問。不過，這個問題重新提出來討論也很好，因為我們可以發現這些年來，在各班級裡注意力不集中、過動的學生人數有愈來愈多的趨勢。這問題反映出部分現代家長內心的隱憂。

多年前我回答過這問題，但現在再來思考這個問題，我有截然不同的想法。

在我當了父親，又帶了一屆藝術才能班，那時班級裡也有不少位特殊生。我可以深刻感受到**大多數的家長，都處於十分矛盾的焦慮之中**。

一方面，家長珍視自己的孩子。每位孩子在父母的心中都是獨一無二，每位父母都對他們孩子的成長點滴深感驕傲，但在另一方面，他們心裡其實也明白孩子的問題與缺點，他們有時擔心、有時徬徨、有時無助，有時也期盼老師能給予最適切的指導。

這位媽媽就是身處於這樣的焦慮之中。她明白孩子的問題，但也看得到孩子的優點；她怕造成老師的困擾、怕被老師貼標籤，但也期盼老師能予孩子更妥善的照顧。

現在再回過頭看這些發問時，我的內心會有較多的同理心。

我試著從以下這幾個面向，給這家長一些建議：

一、從「個別孩子」到「全班孩子」的觀點

當我們家長在和老師溝通時，其實也要反過來思考自己的說法與建議，會不會造成整個班級運作上的困難。

當一位同學可以在上課很特別地趴著休息，或做自己的事情時，其他同學也會跟著模仿，這容易造成老師在班級管理的困擾；而指派學生去幫老師拿東西，除了上課中走動會干擾其他同學，離開教室也會有安全上的顧慮。這些考量，會讓很多老師不願意做這樣彈性的調整。

所以，我們要思考一下究竟要如何「說」，才不會讓老師感到為難。

比較好的做法，是將孩子檢查報告的內容以及醫師的建議，完整地提供給老師，並且向老師表達：「關於孩子上課注意力不集中的問題，鑑定結果發現：有部分原因是來

自於孩子的生理反應。但若孩子影響到全班的上課進度，他自己也會為此深感不安。因此，此次前來，是希望能找出不影響到全班同學的學習，也讓自己的孩子能安心上課的雙贏方法。」

並且，還可以試著請教老師：「以老師的專業，不曉得老師對於這份醫師的診斷結果有什麼看法，或是醫師的建議，是否能夠部分先試行在老師的課堂上呢？」

另外，我也想要建議這位媽媽：在溝通時，先不要帶著先入為主的預設立場。**若能先傾聽老師的意見，才可能從中找到雙方可接受的方法**。而當老師充分感受到來自於家長的尊重與誠懇時，其實也會願意給予孩子多一點的彈性。

二、課堂上的安排

現在的國小上課時數，一節課是四十分鐘，所以這三十分鐘，還差十分鐘的空檔，是值得我們好好探討一番。其實，大多數的國小老師在一節課中，會變化多種教學的策略，所以學生並不會是一直呆坐在那邊聽講四十分鐘。

從這位孩子的數據中顯示：在知覺推理方面的表現不錯，但在注意力集中方面表現較弱。

所以，我們應該跟老師討論：孩子注意力不集中出現的時間間隔，以及上到何種課程內容時，注意力不集中情形更加明顯？那麼，在孩子顯現出注意力不集中的時候，如何給予他較多知覺推理方面的學習？

找出孩子學習的規則性，從學習弱點去評估並改善，並且給予孩子較感興趣的學習素材。這會是老師在課堂上比較可以去留意，並且給予協助的部分。

三、與科任老師的溝通

科任老師與導師不同。科任老師要教的班級數、學生人數更多，班級常規的掌握也相對複雜許多，因此科任老師比較無法細心留意每位孩子的獨特需求。

這位科任老師在突然聽到家長的建議時，會產生不解的情緒，也是情有可原的反應。看起來，這位導師是容易溝通且尊重家長的老師，**建議您先和導師發展出一套適合您孩子的上課模式**。等試行成功後，由導師來說服其他的科任老師，再類推到其他科任老師的課程之中。

四、貼標籤的問題

在現代社會裡，父母因為工作忙碌，而無法長時間陪伴孩子；生活環境中，過度聲光媒體的刺激；面對電視節目、網路遊戲的強大誘惑……導致各班級有不少孩子都有注意力不集中的症狀出現，所以無須太過擔心孩子會有被貼標籤的問題。我們該關注的是家庭中生活作息的調整，同時和導師發展出一套在學校最適合孩子的學習模式。

學校的輔導室是極好的資源，如果您的孩子狀況十分特殊，您可以向學校輔導室提出評估與鑑定程序。

各學校裡，幾乎都有設置專業的輔導教師與認輔志工，孩子往往能夠得到一對一，且較適切的照顧。這樣孩子才能真正從整個系統中得到協助，而老師在面對孩子時，也會比較有依據。

有時候**親師之間的溝通**，不會是簡單一次就成功，而是**需要針對孩子的狀況與需求，進行反覆地討論**。不斷地耐心溝通，並且持著態度誠懇、尊重彼此、尋求協助的正面想法。這樣良性的親師溝通，也才是我們真正想要的結果。

第四篇：方法協助

親師之間避免衝突、有效的溝通技巧，第四個關鍵心法就是「方法」。

有時候，看著那些有狀況的家庭，其實，我所感受到的並不是家長都全然地想放棄，而是他們卡在一個無明、束手無策的狀態裡。當我們指責或抱怨孩子在學校表現糟糕時，家長們也只能轉身用他們小時候所經驗的方法——打罵教育，來好好地用力教導孩子。但我們也明白，這樣並無助於孩子狀況的改善。

此時，**我們能做的**，是試著提供我們一些過往的教學經驗、所接受的教育新知，**給予家長一些在家裡能夠立即運用的策略與方法**。

有時候在和家長聯繫時，我的家長也經常詢問我，該用什麼方式來

改善孩子的狀況，這時，我也都會提供幾個方法，讓家長在家裡可以依循。

當家長願意用這樣的方式來教養孩子，其實親師之間就達成了共識，孩子就會在這樣的親師密切聯繫中，學習如何自我要求。

老師篇

我來自於雲林小農村，我的兄嫂與我爸媽同住，家中有三位小姪子。小姪子們雖然平時貪玩了些，但在家中倒是安穩度日，沒出過什麼大亂子。

但一翻開他們的聯絡簿，裡頭總有密密麻麻的紅字。有時是被老師告狀「上課愛講話」、「對同學惡作劇」，或「上科任課秩序欠佳」、「喜坐兩腳椅」。我每次回雲林老家的第一件事情，就是先檢查小姪子的聯絡簿。

我從旁觀察，我看到兄嫂其實都有盡力在教導孩子，只要小孩做錯事，絕不偏袒。

只是在面對孩子的狀況時，忽略讓孩子有反思的歷程，或是在對話時無法溫柔而堅定。因此孩子經常鑽漏洞，偏差行為也依然故我。隨著生活摩擦日漸累

積，家長最後也只能選擇傳統的打罵方式，來表達對孩子的擔心與愛。

從我的原生家庭中，**我看到，大多數家庭都是認真教養孩子，但需要的是更適切的建議**。

所以現在的我，會用這樣的心情來同理家長。我知道這些家庭的教養方式出了一些狀況，**我會試著先讀懂背後所隱含的愛與焦慮**。

大多數的家長不像老師會刻意去吸收教養的新觀念，也看不到自己原生家庭的盲點，更不太懂該如何和孩子正向說話、如何適當地讚美、激勵孩子。所以教師的專業即在此時展現，提供給家長適切、可立即採用的方法，改善孩子在家裡的狀況。

例如，當孩子經常缺交功課時，除了告知家長孩子本身的問題，老師不妨試著建議：「也許暫時把孩子從書房換到客廳寫功課，這樣就可以觀察他在學習時的問題……不用在一旁緊盯，而是態度輕鬆、專心陪伴就好……陪伴時，請以身作則，捧著一本書，和孩子一起學習。」

當我們提供給家長一些可以試行的簡單建議後，家長會有一種「也許我可以試看看」的恍然大悟，而這也將有助於老師在班級經營上更加順暢。

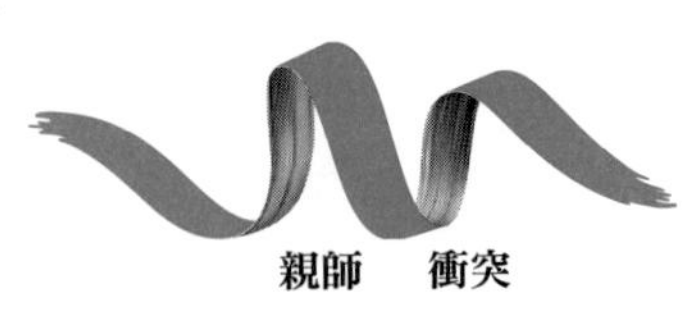

為什麼孩子好好地去上學，卻受傷回來？

——引發親師衝突的6大地雷

隔壁班的老師這幾天經常在走廊上和學生談話，同時家長也出現在教室外和老師進行溝通。

原來是班上學生發生因同學間的打鬧而受傷，家長對此事感到無法理解，期望老師能夠妥善處理此事。

學生衝突，老師需要當天處理，並告知家長

我提醒隔壁班的老師，這類事件應該在學校先處理好，至少弄清楚事情的來龍去脈

和背景，並讓學生之間達成和解。孩子心裡舒服了，才不會回家多說了什麼。

另外，可以的話，也應該要在聯絡簿上或是打電話先告知家長，否則隔天又得花一整天的時間重新調查和處理，反而會更加棘手。

「對！」隔壁班的老師點頭如搗蒜，「我就是因為快要放學，想說隔天再處理，沒想到孩子回家說完後，家長直跳腳。」

我說：「我的班上也曾經在最後的一節科任課時，發生肢體衝突。科任老師未能妥善處理，結果家長氣了一整晚，情緒滿到最高點。隔天，我花去整天的時間，安撫孩子和家長的情緒……

「我們可以先打電話通知家長，告知孩子會晚一點離開學校。這樣至少能掌握雙方孩子的說法，避免家長只聽自家孩子的一面之詞，造成更深的誤解。」

我總是在講座裡，不厭其煩地與老師們分享，面對可能引發親師衝突的敏感事件，我們應該保持警覺，謹慎且有策略地處理。

引發親師衝突的6大地雷

這些引發親師衝突的地雷區，包括：

1 **重大衝突類**：孩子在學校受傷、同學之間發生金錢糾紛、當天發生打架衝突、孩子在學校丟失貴重物品。

2 **同儕相處類**：孩子長期受到同學的開玩笑或惡作劇、長期受到同儕的排擠、長期受到同學的言語霸凌。

3 **師生相處類**：被老師不合理地處罰、被老師個別針對、被老師言語嘲諷、老師對學生做出不適當的肢體動作。

4 **學校規範類**：班級的規範太多或太嚴格、違反班規後的處罰不適切、學校的校規不合時宜、教室裡的規範缺乏彈性。

5 **學習成效類**：老師的教學進度不佳、全班學生的考試成績不佳、整班的學習動機低落。

6 **班級風氣類**：整班的常規秩序不佳、部分學生的上課干擾行為太多、老師未能有效處理學生的偏差行為。

第一類、第二類的衝突事件，必須在孩子離校前，就在學校處理到告一段落。

我的做法是先弄清楚整個事件的來龍去脈，也讓雙方有機會陳述想向對方說的話語和心裡的感受，再讓彼此雙方和解。等確認彼此的心裡都舒服後，再詳細地向家長告知處理的經過。

我曾經在臉書上看到朋友上傳孩子在學校受傷、掛彩的照片。這位家長生氣地說：「為什麼一個孩子好好地去學校，回來變成這樣？」家長在意的是同學的惡意捉弄，也質疑老師的處理不公。

站在同理心的角度，如果是我的孩子回來後，我發現她身上受傷了，但老師沒有告知和說明，我的心裡難免也會心疼和感到不舒服。

家長在意的是：事情發生時，對方是否是惡意，或是不小心的？事情發生後，對方是否真心誠意地表達歉意？未來是否仍會有此類事件再次發生？如果我們老師在學校時，就能夠將這些家長心中的擔憂因素消除了，家長是會由衷感謝老師的用心與同理。

老師生氣時，切記不可用形容詞或名詞隱喻學生

第三類到第六類，指向對老師個人的評價，雖然不是會立即引發家長強烈不滿的高

強度衝突，但若長期累積，也可能導致家長對老師失去信任。嚴重的話，甚至會發生家長集體行動，要求學校更換導師的重大事件。

尤其是第三類，即便老師在極度生氣時，仍然應該使用正向語言來和學生溝通，切記不可以用形容詞或名詞來間接隱喻學生。同時，在生氣時的肢體動作也要留意，確保與學生保持適當的距離，不要對學生做出任何肢體碰觸。

阿德勒曾經指出，**表達憤怒的方式，本質上是一種有意識的選擇**。既然憤怒背後藏有目的，那麼在即將爆發的關鍵時刻，我們實際上仍擁有選擇權。

選擇一種適當的，且能達成心中目標的方式來表達生氣，這樣才能維護學生的安全，也保障我們自己的教師工作權。

學生能不能在教室裡吃早餐？

——教室裡的規範，只為讓老師方便管理？

上一篇文章提到的親師衝突地雷區的第四類「學校規範類」，容易因為學校規範過多、過於嚴格、缺乏彈性，長期累積下來，也會成為親師間引爆嚴重衝突的一大因素。

當了爸爸後，愈來愈能體會學生的處境

不過，在我當了爸爸後，我也愈來愈能體會我的學生們在家裡究竟是什麼模樣。

例如上學、例如遲到、例如吃早餐、例如寫作業、例如考試、例如被老師告狀、例

如那些永遠搞不懂的數學題。

每回看小蘇姑娘很晚睡，我就會想起教室裡那些睡眼惺忪的臉龐。

每回小蘇姑娘喊吃不下早餐，我就不再碎念那些在教室裡吃早餐的小孩。**可以的話，就在教室裡，好好吃頓元氣滿滿的早餐吧！**

每回在上學路上被塞車潮困住，小蘇姑娘心急，我也心疼。到教室後，我望向那些遲到的學生，就會多些包容。

每回小蘇姑娘因為一些課後活動，寫了很晚的作業時，我就會提醒自己每天的作業再出少一些。假日時，盡量讓學生可以多些時間放鬆。

挑戰我二十多年來的教育信念

特別是每回小蘇姑娘在考試前，也都在挑戰我這二十多年來的教育信念……

- **多少的小考是適量的？**
- **什麼樣的評量策略，才對主動學習真正有幫助？**

- **精熟學習，帶來的是痛苦，還是成就感？**
- **而快樂學習就一定帶來快樂嗎？**
- **為什麼學生學不會？**
- **一個單元裡總結、複習、評量的比重各是多少？**
- **什麼時間介入協助？**
- **或者該不該介入協助？**
- **為什麼學生討厭學習？**
- **在零碎而密集的學習活動中，究竟養成了什麼能力？失去了什麼？**
- **要如何進行引發學生的學習動機、又能深入學習的教學活動？**

當了爸爸後，愈來愈能體會家長的焦慮

這些問題都是大哉問，也是進行中的未解之謎。但的確是在我當了爸爸以後，也愈能當一位同理學生的老師。

因為看到自己女兒在家裡的難處，也看到了她很努力後，卻仍無法達成老師的要求，

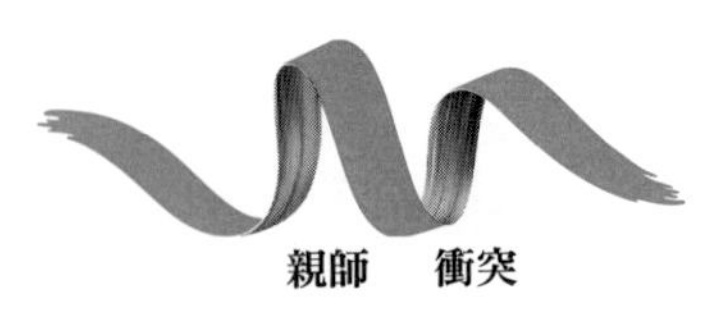

或是因為不符合規定而受到處罰時，我開始回過頭去逐項檢視我在教室裡的規範：

- **是不是有符合人性化，還是只是讓老師管理起來比較方便？**
- **是不是為難了學生或家長？或其實也在為難我自己？**
- **是不是有其他可替代的規範，又能達成我的目標的策略呢？**

同時，我也能深刻體會到身為家長的焦慮。那焦慮來自於面對未來的許多不確定，以及渴望老師對於學生保有更多的柔軟，而不是那麼堅持原則，缺乏與時俱進的彈性。

學生午休時不肯睡午覺

——班級規範引發親師大戰

教室裡的班級規範，通常都是讓教室裡的運作更加順暢，或是讓學生的行為有依循的方向。

然而，過於嚴格的規範，讓學生難以遵守；而違反了班規之後的處罰，容易讓學生感到不服，或因長期過度處罰，影響了學生權益，讓家長感到不捨、氣憤，引來親師之間的大戰。

教室裡的規範密密麻麻的，從一早踏進教室到放學，小到生活細節的要求，大到上課或作業裡的規範。

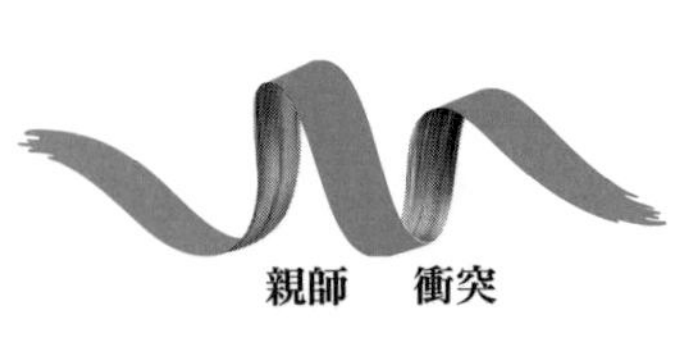

鉅細靡遺的規範，的確能展現出一位老師深思熟慮的結果，然而，也要明白，所有的班級經營及規範，都是教師個人的教學理念及教育哲學的體現，會影響家長對於老師的評價或帶來某種形象的社會觀感。

因此，**老師對於自己所訂出的每一項班級規範，都應該仔細地自我檢核，展現出專業的教育思維來**。

這些規範大致包括：

1早修的規範：一早進教室要做哪些事？（如何交作業、抄聯絡簿、消毒、打掃、晨間打掃）、晨光時間做什麼？（晨讀、晨間考試、晨間作業）、遲到該怎麼辦？可不可以在教室裡吃早餐？上社團課？（老師鼓不鼓勵學生去？有晨間作業要如何補？）

在早修的規範裡，**多年來，我做了一些修正**：可以在教室裡吃早餐，因為老師一早起床也吃不下；但避免教室裡六畜興旺（蟑螂、螞蟻、老鼠），餐盒必須寫上座號，並清洗乾淨後，才能回收；為力求環保，請多自備環保餐具去購買早餐。

學生偶爾遲到，我可以同理為人已在路上，就跳過這件事沒關係；學生長期遲到，就與家長溝通學生的生活作息模式，而不是為難學生；跨區就讀的學生，再和其溝通生活作息的調整。

晨光時間的作息，是為了鼓勵學生能夠多元發展，參與不同的社團活動，因此在班上的晨光時間活動，都以晨讀為主。二十分鐘的晨讀結束後，就可以自行運用時間，這樣有助於學生的自學能力發展，同時也能讓參與社團的孩子可以更放心去參與。**強烈建議不要在晨間時間進行小考**。早上這麼美好的時光，不應該在這麼緊繃的考試中展開。

2上課時的規範：如何鼓勵學生發表？（有哪些討論模式？每個人可以發表多少次、發表錯了，該怎麼辦？）學生講太多廢話，干擾教學該怎麼辦？學生不想發表，該怎麼辦？學生分心了，如何喚回？

3上科任課的規範：上科任課前，下課時間要多早回來排隊？離開時，如何保持座位的整潔？教室裡的電器門窗要關好。

4 寫作業的規範：作業數量（每天該寫多久的回家作業？多少的項目與數量是適切的？）、作業類別（什麼類型的作業是適切的？什麼是制式抄寫作業？線上作業如何實施？）、每天的回家作業能不能在學校先寫？

大多數的家長每日對孩子最關心的詢問就是：「作業寫完了沒？」**寫完作業，成為家長關心孩子學習的連結**。老師們因此最擔心的就是怕自己作業出得少，學生回家後沒事可做，影響學習成效。

但是，卻忽略了孩子在學校已經學習了八個小時，放學後，還有安親班的額外功課，補習班、才藝班的行程，這樣的行程比起大人還來得更加沉重與緊繃。大人工作完回家都需要好好休息、放鬆，又何況是小孩呢？

也因此，在每天出功課時，我都會站在牆壁上的白板貼前思索很久：這樣的作業量，孩子回家會寫多久？這樣的作業，能培養孩子什麼樣的學習能力？制式的、抄抄寫寫的作業類別，就省下來吧，**多出些具統整性、個別化的，且具創造力的作業，才真正有助於孩子的統整學習能力及學習動機**。週末、長假，我也只出一天份的作業，大人們需要放假、休養生息，小孩也需要好好地休息。

在教室裡，我會協助孩子們完成一部分的回家作業，尤其是較為困難的開放式作業。

我也會在牆壁上貼上長長的白板貼，盡量提早出完四天份的作業，讓孩子可以依照個人放學後的行程，提早規劃自己完成作業的時間。

很多孩子很開心地對我說：「老師，我已經快寫完今天所有的回家作業了。」我也會讚許他們這麼懂得規劃時間。

既然在學校已經認真學習了，作業裡的學習成效已經達到，而且孩子又已經學到如何有效運用時間、善用零碎時間學習，這不就是我們要教出的好孩子嗎？

5關於考試的規範：每天最多能考多少科？每天最多能考幾張考卷？學生考差了，會受到什麼處罰？

6下課時間的規範：下課時的玩耍項目（能玩什麼項目？不能玩什麼項目？能不能帶玩具來學校？下課能不能吃零食？學生在走廊上奔跑，該怎麼處理？）、下課時間如何訂正作業？上廁所、喝水時間是否充裕？

曾經聽過有些老師因為作業訂正，而接到家長的黑函投訴。原因是老師總是讓學生

在下課時間留下來訂正作業或罰寫，造成學生長期無法下課。

我總是勸告老師們，不要作業一發下去，就讓學生訂正。這樣除了老師在每節下課追學生訂正追得很辛苦外，學生也需要花大量時間訂正，因而不能下課，甚至養成了學生用抄答案的方式，以避免在下課時間被留下來，這樣反而失去了學習的效果。

在我的班上，我不要求學生訂正當天發下的作業，而是批改前一次發下的作業是否有訂正。

也就是當學生交上作業時，我會先翻到前面幾頁，觀看學生是否有確實訂正。這樣可以讓學生弄懂的時間再拉長一些，不會急著想抄同學的正確答案；同時學生也能夠依照他們自己的作息時間，調整訂正的流程。

學生多了一些充裕的時間，下課又可以出去開心地玩，化解了師生在下課時間的正面衝突。

所有的作業，我也改為登記「訂正」的分數，而不是登記「作業是否正確」的分數。每次作業的起始點是一百分，每次作業寫錯不扣分；但若未往前翻並訂正者，則逐次扣三至五分不等；提早來訂正，並確實訂正，則會額外加分，因此很多孩子每個階段的作業成績，可能都超過一百分。

登記作業的分數，會引導學生和家長只在乎標準答案，事先就對過答案；但是登記訂正作業的訂正分數，反而是鼓勵孩子犯錯沒關係，只要從錯誤中學習。既然訂正作業成為師生之間的緊張關係，我反而用訂正分數，來激勵孩子們培養訂正作業的嚴謹度。

下課時間，我都趕學生離開教室出去玩。適當的運動除了能夠紓解身心壓力、釋放過多的精力，同時運動後的多巴胺，還能夠讓下一節課的學習更加專注。

7午餐時間的規範：午飯該盛多少？要不要規定學生盛飯菜的量？如果有孩子挑食，該怎麼辦？有遇到不喜歡吃的菜色，怎麼辦？午餐時間要完全安靜、無聲嗎？怎麼盛營養午餐，才會有效率？午餐時間有無相關的娛樂活動？有孩子吃太慢，耽誤行程，該怎麼辦？

8午休時間的規範：午休時間要不要睡午覺？如何睡好午覺？午休時間能不能開放學習？在教室裡，可以躺著睡覺嗎？

午餐和午休，我都希望孩子們能得到適當地放鬆，因此午餐時間會有電影欣賞，以

降低學生太歡樂的吵鬧聲；午休時間也可以鋪好野餐墊，和好同學一起在教室裡露營。

午餐有各種怪癖，無法吃某種食材，或是午休時不想睡午覺，一律用申請制。家長同意後簽名，老師就會留意其個別特殊的需求。

老師不用管太多，避免學生心裡產生怨懟情緒，那麼就要保有更多的彈性和個別化差異。畢竟我們老師自己也有很多地雷和眉角，也不喜歡被強迫。

9 放學時間的規範：回家路隊怎麼排？放學後，能不能留下學生補功課？放學時，離開座位的要求有什麼？

違反班規的處罰

當老師訂了各種班規，要如何維護？以及違反後處置的執行力，就成為老師的另一項考驗。

當規定後，有人違規了，卻沒有執行，會造成學生認為老師「說話不算數」，學生也會一直挑戰老師的底線。違反後，若處置太輕或是沒有緊盯，也會造成學生東躲西躲、不在意的輕率態度。

因此當老師的班規愈多、禁止的規範愈多，後續所需要的監督與執行也相對付出愈多。**通常會和家長起衝突的老師，都是想教給孩子更多的認真老師**。然而，為孩子好的初衷，卻演變成諸多親師衝突的來源，真是得不償失。這也是老師在訂定規範時，需要自我提醒的。

當學生違反班規後，有的老師會讓學生罰寫當作處罰，有的老師會用下課時間讓學生進行愛班服務。

不過，要留意的是，罰寫的目的是讓學生感到害怕，然而用害怕讓學生不敢再做，卻和他本身會做這些行為的衝動抑制沒有關係。尤其是有些孩子愈罰寫愈多，影響到長時間不能下課，甚至是整個晚上都在寫罰寫，這時已經牽涉到不當體罰的問題了，很容易成為家長投訴的主因。

我在班上的做法，是用「代幣制」，也就是我的班上會有獎勵機制，**用「小獎卡」集點作為激勵學生正向行為的引導**。

但如果有違反班規的情形，也可以用扣「小獎卡」的方式來進行。一方面能讓班規不影響學生的權益，不至於讓處罰變成親師衝突的來源。另一方面，這也是一種較為

人性的負增強，學生反而會更積極爭取其他的正向表現。

如何進行比較好的班規訂定？

班規訂定，大多數是老師單方面的制定，再加上各種小狀況出現，以至於老師不斷頒布新規定，加以禁止。

比較好的做法，是老師好好說明，把為何會禁止的原因真切地傳達給學生，並且師生一起討論，想出幾個可以落實的替代方案。

例如「班上不可以吃東西」的規定，是源自於零食摻雜了過多的人工添加物和色素，易引發學生過動症和注意力不集中的狀況出現，同時也會造成教室裡蟑螂、老鼠、螞蟻四竄。

但學生和家長的需求是成長階段容易肚子餓，因此比較好的做法，是讓學生帶一些健康的、自家做的、能吃飽的食物，在上午十點和下午三點的大下課時間食用，這是當作上午茶和下午茶補充能量的概念，而這個時段又能避免午餐和晚餐吃不下飯的問題。

又例如「班上不可以帶玩具」的規定，是源自於會造成上課分心、下課只想待在教室裡、同學看了會心生羨慕、貴重物品容易遺失等問題。

但玩是人類的天性，所以比較好的做法是，勿帶太貴重的玩具，以免引發失竊疑慮，可帶一些益智的桌遊；若上課分心，則老師代為保管到放學時再歸還；若狀況較多，則先暫停帶來學校一週或一個月。

更重要的是，我們大人有沒有辦法引發孩子去玩一些更有益於他們發展的玩法，而不是一味地禁止。

過於專制的教學方式，其實是有點危險，也讓自己每天的教學生活，過得很不快樂。所以我喜歡笑嘻嘻地去上班，在孩子面前展現最真實也最愉快的自我。

班級內部的問題，有一部分是來自於老師的盲點。但只要我們努力去檢視班級問題與老師之間的連結，去嘗試更多不同的解決方法，相信就一定能找出「教書教得很愉快，同時又能有效管理班級」的好方法來！

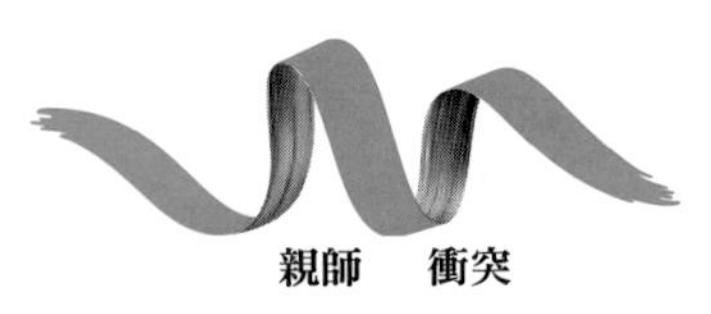

痛苦的女孩：「我爸媽說花那麼多錢讓我補習，我還考這樣，乾脆不要念算了。」

——學業戰爭

小靜的聯絡簿今天總算交出來了，雖然這幾天她總是說找不到。但翻開後，我才發現她已經連續好多天沒讓爸媽簽名。再看到先前那張簽名處空白的成績單，我想我知道發生了什麼事。

再逃避下去，也不是辦法。於是我把她喚來，小靜支支吾吾地說了好多理由。

「應該是成績單的關係吧？」我凝視著她的眼睛。

最後，小靜點點頭。

「但是逃避得了嗎？」成績單我已經催交了一個多禮拜。她的媽媽也在聯絡簿上質疑多次，叫她務必把成績單帶回家。

小靜搖搖頭。

「我很好奇，你把成績單帶回家會發生什麼事？……被打嗎？（小靜搖頭）……被罵嗎？（小靜點頭）……有被罵得很慘嗎？（小靜點頭）……是誰會罵你呢？」

小靜說：「若考不好，回家後會被爸爸和媽媽罵得很慘……他們說花那麼多錢讓我補習，我還考這樣，乾脆不要讀書算了……」

小靜的臉上帶著悲傷的神情，我明白此刻她猶如驚弓之鳥的心情。這表情我看過，在許多她們學姊的臉上，也都看過。

「爸媽總愛拿你和哥哥比，對吧？」

我問小靜：「你有哥哥？哥哥在學業上的表現很優秀嗎？爸媽總愛拿你和哥哥比，對吧？」

我太清楚這類的孩子了。他們在家中通常有著表現優異的手足，他們也一直因為總是達不到父母對學業上的高標準，因而痛苦且悲傷地逃避著。

我深呼吸了一口氣，望著小靜說：「小靜，你知道嗎？你在我的心中，是很有能力的孩子，辦事能力強，反應靈活，熱心又大方，而且數學很靈光。你是一個本質上這麼好的孩子，我很心疼你怎麼變成了這樣。」

小靜的淚滴迅速落下，斗大的淚珠爬滿了整張臉。哭得好悲傷的表情，讓人看得難受。我抽了張面紙給她，她輕聲說了句「謝謝老師」。嗚，是一位有禮貌的好孩子啊！

我說：「我其實根本不在乎你有沒有考到你父母期待的分數，或是這張成績單最後有沒有簽名……我在乎的是，我眼前這位小靜，因為始終達不到父母的高標準，長期自責，因而開始逃避、抗拒學習。最近的你，作業缺交連連，上課完全提不起精神。你把那最耀眼的才能和學習動機，全都封閉丟棄了。」

眼前的小靜，更是淚如雨下。

我心疼並在乎那個害怕學習、想逃避自我的小靜

小靜說：「我不是不想拿出成績單來，我是不敢拿出成績單來。」

我說：「我不清楚這些事情，因為你從來都不曾提過……但我想說的是，父母會強力要求你的成績，也只有這幾年的時間而已。等你上了大學或出了社會後，他們就再

也要求不了你的成績。

「不，我不是在說此刻你應該不在乎成績。而是說那成績的背後，你因為過於害怕、過於自責、過於逃避，而把自己的才能和想讀書的心丟掉的這件事。**有一天，你必須獨自面對這個社會，你必須把那些被丟棄的能力和學習動機找回來。**」

小靜拚命擦著眼淚，我又抽了一張面紙遞補那早已浸濕揉爛的面紙。

於是，我在小靜面前，將釘在聯絡簿的空白成績單取下交給她，我說：「你的媽媽早就知道這張成績單的存在，有沒有簽名對老師而言就不是那麼重要，後續要如何處理，就看你了。

「但我想說的是，我心疼並在乎那個害怕學習、想逃避自我的小靜，我希望看到她有自信的模樣。我希望這件事情過去後，能看到一個全新不一樣的小靜。」

小靜點點頭，說了聲「好」。在等到她心情平復後，我讓她離開。

又是一位因為父母對成績有迷思而痛苦的孩子。此刻，我有些懊惱，我應該早些拼湊出這些蛛絲馬跡的。

不，這麼好的孩子，不該這麼早就質疑、討厭自己的人生。大人們也不該用狹隘的視野，箝制孩子發光發亮的另一面。

我得想想，如何再繼續為小靜灌注更多的正能量。

學習動機低落只是表層，內在的匱乏才是關鍵

我還是撥了電話給小靜的媽媽。

這陣子，小靜的學習狀況每況愈下，從上禮拜至今，每天都有缺交作業的情形出現。每回問她，她總是說忘了帶回家，或忘了帶來學校，但請她隔天補上，卻還是同樣缺交。

電話接通，我問：「小靜媽媽，有空能聊一下小靜最近的學習狀況嗎？不曉得小靜最近在家裡有沒有什麼異狀，她在學習上有沒有什麼問題？」

小靜的媽媽表示還好，功課方面多由安親班和爸爸在督促。

我說：「小靜最近作業方面的狀況又變多了。從上星期到現在，每天都有缺交作業的情形發生。她總是說忘了帶……」

小靜媽媽說：「對呀，我也很頭痛。她在學習上的態度很消極。」

我說：「我一直以來很喜歡小靜這位學生。她活潑、健談，熱心幫忙班上事務，而且我發現她有個數學好頭腦，在上數學課時，總是第一時間就答對。

「這樣開朗、樂天的個性，和學習上消極的表現，我覺得落差很大。目前她的平時分數已經來到很低分了，她在學校花很多時間補寫功課，也有科任老師反映她的學習狀況，甚至開始有很多作業都是用應付的方式寫完。長期下來，我擔心她對學習失去興趣。」

小靜的媽媽說：「老師，她欠了哪些作業，您跟我說，我請她補。」

我說：「**我不是來告狀的，只是來分享我內心的擔憂**，想看看怎麼樣可以幫助這孩子。她需要陪伴一段時間，坐在她旁邊，觀察她到底遇到什麼學習問題。也請她務必逐項檢查有沒有確實完成功課，並放進書包裡。

「其次，我有教過她們作業若未帶回，有很多補救的方法。例如，第一時間就回教室拿，因為老師還待在教室裡一段時間；或是印同學的空白作業本來寫，或是寫相同科目的作業；或是請爸媽先寫在聯絡簿上，隔天到校再補都可以。重要的是，要請他們養成負責任的態度。

「我知道爸爸很在意她在平板上的使用。在家裡，讓她坐在身邊看得到的地方，來完成這些線上學習類的作業。但若是仍然對於線上作業有疑慮，可以讓她在學校先行完成，班上也都有空白時間可以讓他們超前進度。」

小靜媽媽表示理解，也會盡量地配合。

大人緊迫盯人，並無助於孩子的學習

我話鋒一轉，說：「其實我和小靜聊過幾次，我發現她的內在對於學習很恐懼也很

抗拒，只要考試成績不理想，她就眼眶泛紅，陷入沮喪的情緒裡，這好像跟爸爸在學習方面較為嚴格有關。」

電話那端的小靜媽媽，陷入一陣沉默。

「我們都希望孩子在學習上表現得更好，所以更加地緊迫盯人，然而這樣並無助於孩子的學習。我看到的是小靜因為過度的逃避和抗拒，以至於對學習失去了動力，長久下來，更會影響到她在學習上的成績。但我真的覺得好可惜，她明明有著好頭腦和在數學上的天賦，我很想拉著她，也跟她談過很多次，但成效似乎有限。

「小靜有提過幾次哥哥在學業方面，表現得比她還優秀，她常被拿來和哥哥比較。有時候，我們覺得孩子不夠積極或太懶散，其實是孩子找不到為何要努力的目標。**小靜有她自己的優點，但需要我們大人為她拂亮，而不是讓她一直覺得自己不夠好、一無是處**。當她得到身旁大人給予的愛與歸屬感，也感受到自己內在的價值感後，開始喜歡自己了，就會帶來一些積極的力量。」

小靜媽媽說：「老師，我知道了，我會和她的爸爸談。我們也希望孩子能在讀書上更加投入，更希望她快樂。」

輕輕掛上電話，真心希望小靜和爸媽能夠展開溫暖的親子對話，真心希望這個家庭能夠得到幸福！

家長篇

當老師告知孩子在學校或學習的狀況時，除了積極配合老師的做法之外，**家長也可以請教老師，是否有適切的方法可以在家裡試行**，或者採用與老師類似於老師的教導方式來輔助孩子。

由於老師擁有豐富的教學經驗，以及相關教育的新知及專業，所以是可以透過老師的視角，指出明確可行的道路。

有時候，我與家長進行電話溝通時，我發現，當我把對孩子的賞識與擔憂，真切地傳達到家長的內心時，家長都會不約而同地表示：「我很認同老師的想法，那麼，我應該如何幫助我的孩子呢？」

這樣的提問，不僅是是對老師專業的肯定，也是一種家長深切的請託。因此，我總是樂意提供幾種適切可行的方法，以便家長能在家裡有效地輔導孩子。

當家長們願意認同老師的教育理念、虛心請教方法，並且真心感謝老師的用心時，有這麼配合的好家長，老師們開心都來不及了，自然會願意分享更多與孩子對話及輔導的方法。

我家小孩每天功課都寫到三更半夜

——讓孩子學會為自己的功課負責

開親師座談會時，一位爸爸率先發言：

「老師，我家兒子的動作永遠是慢吞吞的。明明功課又不多，卻總是寫到三更半夜，每天為了趕他上床睡覺，我都在書桌前和他大戰……」

此話一出，馬上引來身旁家長們的聲援：「是呀，我家女兒也是。動作有夠慢的，吃個飯可以吃到晚上八點。我看了心臟病都快發作了。真是『皇帝不急，急死太監』……」

原本冷冰冰的親師座談會，突然變成熱烈討論的爆料大會，真是令人始料未及，我在心裡偷笑了一會兒。「孩子動作慢吞吞」向來是親師座談會時的經典話題，只不過這類型的孩子，這些年在比例上卻有愈來愈多的趨勢。

「但是，各位知道嗎？您們的孩子在學校的表現都很不錯，吃飯的速度又快又好，而且很多孩子在學校就都把功課先寫完了，一點都沒有各位說的那種動作慢吞吞的樣子。」我向這些家長們解釋著。

「咦？」我的回答引發眾多家長們的困惑。畢竟我口裡描述的孩子，和他們家裡的大小姐、小霸王形象有很大的落差。

我補充說：「孩子在家裡，很容易因為生活的慣性，不小心就會養成一些生活習慣，而**在學校因為團體動力會積極許多，因此才會在家裡是一個樣子，在學校又是另一個樣子**。有時候，有些爸媽也會拜託我和他們的孩子聊聊，希望能幫忙跟他們的孩子好好溝通。」

很多家長們都笑了，不過有些家長的笑容裡摻有一絲「不小心喝到一杯苦瓜汁」的表情。

「那麼，我們做家長的，又該怎麼做？才能幫助孩子改善這種狀況呢？」一位媽媽接著發問。

當孩子寫功課時，父母在旁陪伴孩子做學習類的活動

「首先，應該是了解他們在寫功課這段時間裡究竟在做什麼、遇到什麼問題、需要什麼樣的協助？是因為分心？不夠專心？還是遇到學習困難？還是覺得沒有動力，需要大人的陪伴？」

我說：「您有沒有觀察過他們在這段漫長的寫功課時間裡，究竟在做什麼？」

一位媽媽說：「我女兒喔，我都規定她待在書桌裡，沒寫完功課，不能出來。但是她每隔幾分鐘就會溜出來倒杯水、出來吃點東西，還會偷瞄一下電視……超級沒有效率的，真是氣死我了。」

我笑了一下，因為這孩子在班上也是這個樣子，上課很容易分心。

我說：「就算孩子人待在書房裡，但是不是真正在寫功課，是需要我們好好去留意的。也許他們人坐在書桌前，心裡卻在想客廳裡的連續劇劇情。

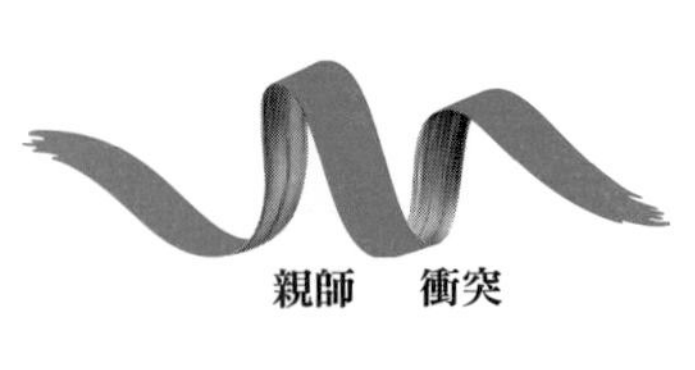

「**針對容易分心的孩子，我的建議是：也許爸爸媽媽應該把電視關掉，陪孩子一起來做學習類的活動**。爸爸媽媽可以在一旁和孩子一起看書，不是以監視的心態，而是各自看各自的書。

「相信這樣『以身作則』的示範，不需要一個月時間，您會發現孩子面對功課時變得專注多了，讀書也變得有效率多了。」

很多爸爸媽媽點點頭，但也默默地低下頭來。也許他們正在思考著：回家後，該怎麼跟自己心愛的八點檔連續劇說再見……

規定孩子寫完功課的時間，時間一到，就關燈

我笑著說：「還有一招，就是規定他們寫功課只能寫到幾點，時間一到後，就馬上關燈、把孩子趕上床睡覺，把沒寫完的功課交給老師我來處理！」

此言一出，家長們大驚失色，連忙說：「這怎麼成？每天的功課本來就是孩子應該要做完的本分啊！」

「是呀，寫作業本來就是孩子自己每天該完成的本分。但是，也是因為父母親太在

意了，一天到晚在孩子背後緊張地碎碎念，這反而會造成孩子覺得沒有關係，反正最後他們父母親還是會通融。**孩子對學習的焦慮轉移到父母的身上，反而孩子自己一點都不在乎。**」

我繼續說：「但是，您知道嗎？今天來到現場的各位家長，您的孩子在學校都是超級愛面子的學生，只要作業方面有狀況，隔天一早到校就滿臉緊張，不敢面對老師。所以若是他們的功課沒寫完，來學校被老師念了幾句後，就再也不敢這樣慢吞吞，他們在家裡拚了老命，也要寫完。所以，爸爸媽媽請您們一定要沉得住氣，要**試著讓孩子來承擔功課寫不完的結果，孩子才能真正學習和成長。**」

爸媽如何放手，讓孩子去面對自己的學習？

當然，這招並不適用於每位孩子。與會的每位家長的孩子，都是平常在學校表現不錯，平時幾乎不會缺交功課的學生。但是這個「幾乎不會缺交功課」的背後，卻是無數地緊迫盯人、無數的親子大戰後的結果。所以也許我們該思考，如何放手，讓孩子去面對自己的學習。

在場的每位爸爸媽媽都陷入了長長的沉思。「放手」的確是門大學問，連我自己也都還在學習中。除了心臟要夠有力之外，更要有方法、有耐心才行。重新修正帶領孩子的方式，才能重拾親子共學的樂趣。

孩子在學習上的重大轉變

六年級下學期的家庭日班遊，我們一行人來到一座草木扶疏、依山傍水的農場烤肉。春天的陽光溫暖極了，臉上還有微風徐徐拂來，今天真是很適合踏青的好天氣。隨意圍坐著，和一群家長聊著孩子們最近的學習近況，突然一位爸爸握起我的手，用誠懇的眼神看著我，害我著實害羞了一小下。

這位爸爸說：「說真的，我要謝謝老師您提供的好方法。從那天起，解決了我們家的大問題。」

「什麼問題？」這樣沒頭沒腦的感謝，讓我有點摸不著頭緒。

這位爸爸說：「那天老師建議『孩子功課寫不完時，不要管他，直接關燈，趕他們睡覺』，我回家後，還真的照做。另外，以前晚上去安親班接他們，常在樓下從九點等到九點半，有時候還等到快十點，因為他們的功課總是寫不完，每次我都快氣死了……

「後來我跟安親班老師說：『只要九點一到，就直接送他們下樓，回到家也不准寫功課。』結果我發現這招的效果超好。我的小兒子從那天起，都會想辦法在安親班時拚完功課；就算寫不完，也會上床後，躲在棉被裡偷偷補完……

「我女兒更特別，功課寫不完，她會自己訂鬧鐘，早一點起床寫功課。現在習慣早起了，也會利用早上起床、讀書……這些改變真是讓人始料未及，這都要謝謝老師！」

◆◆◆

沒想到這些小小的方法，卻帶來了大大的改變。聽到這位爸爸的回饋，我心裡真是開心極了，連烤焦的玉米，都吃得格外香甜。

看著這孩子和其他同學在草地上玩球，也想著這孩子最近的改變，著實為這個家庭感到高興。

我想，這位爸爸除了學到如何轉換學習的主導權之外，也從中學習到為人父母該有的溫柔而堅定的教養學！

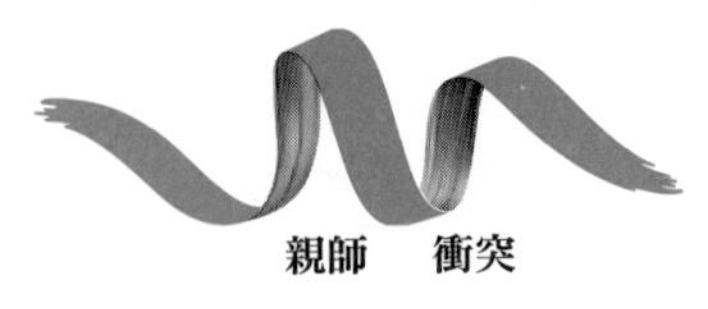

我家小孩成績差，又不愛讀書，怎麼辦？

——拉長時間軸，看待孩子的成長

一位媽媽友人問：

「怎麼辦？我兒子成績很不理想，學習又不夠積極，沒有動力，要怎麼為他補上缺漏的這一大塊？」

我常年帶高年級，經常也有家長問到類似的問題。

小學高年級這個階段很有意思，是銜接國中的分水嶺。學習開竅又有動力的孩子，在這階段，會如海綿般大量且快速地吸收；但那些自覺學習跟不上的孩子，就選擇冷漠、放棄，以至於與同學間的差距愈拉愈遠。

有時候，我會無意間不小心點進家長的臉書，看到的都是學生小時候天真無邪的笑臉，每一位應該都是家長心目中千年難得一見的奇才。但什麼時候開始，孩子的學習成績和日常表現，成為令人頭疼、親子衝突的導火線呢？

明明我們可愛的孩子不是才剛從幼兒園畢業，為何隨即被馬不停蹄的學業進度追趕？在「沒有笑臉、沒有動力、考得一團糟、彼此都開始懷疑可能不是一塊讀書的料」的感嘆中畢業了……

怕表現不夠好，乾脆用「我不會」或無所謂來偽裝

我對友人說：「其實，你的孩子是聰明的。聰明的小孩都很難搞。他們的內在就是害怕啊！怕自己表現得不夠好，怕自己因為努力了卻不盡理想而丟臉，於是乾脆用『我不會』或無所謂來偽裝。對學習總是逃避或抗拒，對人故意呈現很冷漠的姿態。

「但必須說，他們的內在也渴望被讚美、渴望有人愛，只是表現出來的行為舉止，就是彆扭得不像話。」

友人問：「這分明就是在講我的小孩，那該怎麼做才好？」

我說：「他升國中會好很多的。在這個班上，競爭力不強，他花小小的力氣就可以保持中上的成績。他需要到一個更有挑戰性的環境。

「老師對他的不友善，也是關鍵因素，引發不了他的興趣跟動機。

「到了下一個學習環境，如果能交到幾位愛讀書的好朋友，彼此有點小小的激勵。或有異性同學的關心，他在意了，他與學習環境之間有歸屬感了，就會把學習動機展現出來。

「孩子需要好的典範，需要一起努力的聰明同伴。**和孩子一起設立一個個簡單又容易達成的小目標**。目標太遠、太宏觀，容易產生放棄的念頭。唯有著眼於每一個當下的小成功，累積起來才有意義。」

當小蘇姑娘數學考不及格……

我很懂友人的心情，因為我們都是認真、努力的大人。看著自己的孩子，難免會為他的未來感到憂心。

小蘇姑娘也不是一位成績挺好的學生。期中考時，小蘇姑娘也拿了一張不及格的數學考卷回來。她不知不覺中成為了我班上那些「數學不靈光的女學生」類型了。

不過，我有一直努力記得她的長處、她的優點。我有一直想為她保有讀書的興趣與動機。**我不想讓成績成為我們親子之間的導火線**。我有一直提醒自己關於「拉長時間軸看孩子成長」的成長型思維……

我對友人說：「其實有時候回想，我自己在國小時，根本不知道自己在幹麼。我每天都在外面巷子裡玩，在段考前一天，才慌亂問同學，明天要考什麼……

「還記得國中、高中時期的我，渾渾噩噩虛度了六年，成績普普通通，一直到高三，才開始有自己的意志和想法。而在大學參與社團玩了四年，整個開啟了我的視野與對未來的想像。

「在升大學之前，我不覺得我的人生會多有希望。一直到被放到一個心靈可以很自由的環境裡，才找到存在的意義。

「我在成長過程中，深刻體悟到一件事：『我不是那種聰明的人。』但有些人是年紀大一點，頭腦才會開竅，而我就是屬於這類型的人。

別把「人生要努力和認真」的焦慮，過早放在孩子身上

「所以，這位媽媽友人請放寬心。人生很長的，會遇到各式各樣的人，各種正向和負向的刺激都有。有時候，孩子不爽到極點，也會振作起來。生命總是會自己找到出路，就像是此刻的我們不是活得好好的？

「焦慮鬼個性的我，當然也會對這階段的小蘇姑娘感到憂心。只是，我無時無刻不提醒自己：我們真的不應該把『人生要努力和認真』的焦慮，過早放在他們身上。」

孩子的表現，不應該是我們的「教養成績單」，而是用「教養學習單」的角度，去領受孩子帶著我們的深刻學習，去真心享受陪伴孩子的樂趣才是。

我就是很笨，數學才會考這麼爛

——扭轉數學學不好，所帶來的「我很笨」的自我暗示

一位焦慮媽媽，認真提問孩子學習數學卡關了，該如何協助？她自問自答地寫了一大篇回顧過往學習數學的心路歷程，相當精采，值得一讀！

我要認真發問：我兒子在中年級的成績不太差，數學都可以考個八、九十分，但為什麼一到高年級就變成這樣？我現在發現，可能是他對於數學的認知和理解方式，會讓他卡關。

比如我兒子只會用單一路徑去解題、套公式、套方法，但沒有想說怎麼運用自己理解

的去試試看。他可能不是不會，而是找不到「解題公式」。

像昨天我請他回去複習國小三年級的數學，算到有缺口面積的題目時，明明就缺了六格，但他還是習慣想一格、一格的算。後來，我就帶他從另一個解題方法，用完整面積減掉缺的格數。

以前我數學不好，就有老師說我是什麼「社會腦」，不是「數學腦」。在國中的時候，我就接受了這個設定。但現在我才發現，我只是沒有理解數學的學習方式。原來，我小時候數學學不好，是為了幫助我兒子？我這位媽媽當得真是用心良苦啊！

前幾天看到一篇數學老師寫的文章，他說數學要去理解定義，我才恍然大悟。我都沒有去理解定義，都是直接進入算的部分。可是因為不了解原理，根本就一知半解，題目一變化，就不會算。

我兒子也有這個問題。我問他為什麼這樣算，他都講不出來。我對他說：「我之前有講過啊！」他就說：「我們老師說要這樣算。」

我昨天會特別注意他知不知道面積為什麼是用乘法，是因為他有一天不小心點到國中數學的影片在講分配率，影片是用面積來解釋，但我沒有陪他看完。我現在也只記得國中的公式……什麼（a+b）平方＝a 平方＋2xaxb+b 平方……但為什麼這樣，我不知道。知道怎麼推導出公式來，很重要嗎？

所以我一路歸納下來，是不是就是學習這些原理的方法錯了？我現在比較希望他把這個補上和改變他學習的方式。

我以前小時候也不知道為什麼要算最大公因數、最小公倍數，是現在陪兒子解題，我才發現：「喔，原來可以運用在這種問題上。」還有他現在六年級學比較值、基準值，我才發現：「原來可以用這個方法就簡單地算出來！」那我以前小時候到底在學什麼啊？

我現在其實連「如果我要有百分之三十的毛利，我要賣多少錢？」和「為什麼要用除法來算？」都搞不清楚，得用計算機按來按去，找到一個比較合理的數字，才會放心。

好啦，我講完了。講了這麼大一篇，我的結論是：有好的數學老師真的很重要啦!!

大家讀完後，是不是很有共鳴？這篇完全道盡為人父母用心陪伴孩子學習的辛酸與偉大啊！

其實，有些問題的答案已經呼之欲出了，不過我還是試著從一位老師的觀點，和這位媽媽友人溝通數學學習的困境與因應對策。

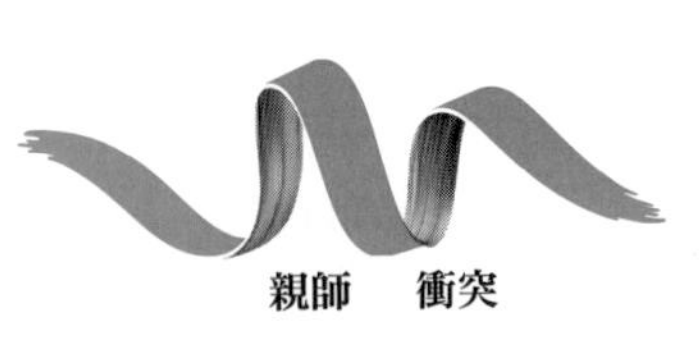

1升上五年級即遇到數學學習的大斷層

通常才一升上五年級，學生和家長就會在第一次數學考試時被大震撼到。這是因為學習的難度加深了，內容變多了，題型變得統整了；老師們也覺得學生的年齡增長了，可以出更複雜、靈活的題型。因此，如果孩子過往的基礎沒打好、沒有及時調整讀書的方法，往往在第一次考試時就會拿著難看的分數回家。

2數學學習基礎不穩的危機

數學課程的編排，其實是螺旋式的架構，也就是先學一部分，等到下學期、下學年，繞了一圈，再往上疊加學習新的內容。

例如：學生最頭痛的「分數」主題，就是先學除法→分數→真分數、假分數、帶分數→分數、小數互換→擴分、約分、通分→分數的加減→分數的乘法→分數的除法→分數的四則運算→分數、小數的四則運算……

是不是感覺很沒完沒了？但孩子若在前一個基礎沒學好，又快速進到下一階段，就會在感覺好像有聽懂，但又處處卡關的狀態下，瞎猜或亂算。

其實，**孩子的數學不是在高年級才變得不好，而只是體現出過往那些年數學學習的結**

果罷了。

3過於重視計算精熟，而忽略題目理解的結果

如果大家有認真研究過數學課本，就會發現一個單元的編排是有規律性的，例如在「分數加減」這單元，先學分數加法，再學分數減法，但學生在學習時，往往按照這種排列規則，大量精熟如何計算分數加法，再精熟分數減法的算法。在那一個小節裡，完全不理會老師解析為什麼這樣的題目是要分數的加法，而不是分數的減法。

然而，在正式的考試裡，出題是不會有排列規律的。學生若無法理解題目，從中汲取出算式來，就只會瞎猜是用加法或是減法。

尤其是愈到六年級，所有的題型愈來愈少計算題，會出現更加統整的文字題，甚至是整個單元都是用文字題來表示。

混雜了四則運算的題目，若出題的老師再變換句子順序、多放入幾個數字，學生怎麼也猜不出來該如何列式。

4學數學要從題目的閱讀理解開始

我在教數學時，因為深知孩子們的痛點，所以都是用「讀題」來帶，分析題目的關鍵

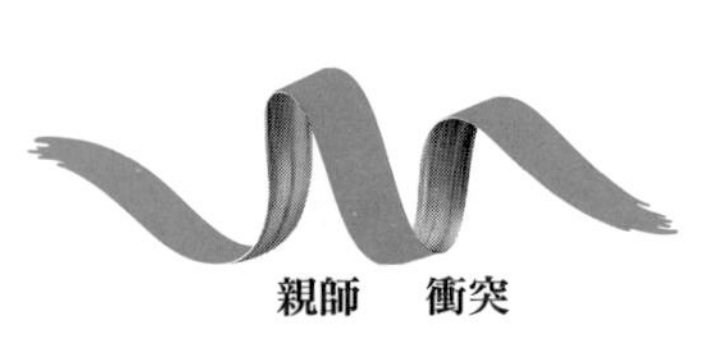

字，分析題目裡隱藏的算式，再來教如何計算。

若孩子能夠看到題目文字裡隱藏的「單位量」、「單位數」、「總量」為何，要列出是乘或除的正確算列就不會太困難；能分辨「基準量」、「比較量」，在誰是誰的幾倍的大魔王題時，就比較不會卡關。看到文字，腦袋就自然拆解成算式，才是數學考得好的關鍵。

5 學數學的挫敗，容易帶來我很笨的自我暗示

國小的數學科，真的是一個奇妙的存在，因為它是如此需要每個單元的基礎都要穩固，才有辦法考出好成績來。如果經常用背的方式來讀數學，總有一天會慘遭滑鐵盧。但當孩子的數學愈考愈差，他們會自我暗示：「我就是不夠聰明，才會成績這麼差。」「我真不是一塊讀書的料，我就是很笨。」或是**大人們也會對學生下魔咒**：「你數學很差，只適合去讀文組。」「你就是不夠努力，才會考得這麼差。」

所以我在陪孩子們算數學時，我都**極力小心呵護他們的學習動機和學習樂趣**。我用很多微小的成就感，來支持他們學數學的動力。我不愛出太難的題型，我只要確保他們是真的理解了、真的會算了，那會比什麼都還來得令人高興。

6 要一直為孩子植入成長型數學思維

學數學，必須把孩子害怕、想逃避、討厭數學的負面情緒先消除，因此在他們的腦中，一直保有成長型的思維就很重要。

真的沒有什麼數學腦或社會腦，只有比較喜歡的科目和比較不喜歡的科目。數學很需要理解的能力，但也許是在那個急迫的時間區間裡，孩子還找不到可以理解的切入點。

小蘇姑娘有時候會看著我教的學生的課本，羨慕地說：「厚，他們的課本好簡單喔！」

但事實上，她忘了那些單元，也是她小時候遇到的痛點單元。只是因為年級增加了、能力累積了，她能夠理解那些原理和公式了，學習就變得簡單了。

我總是對學生說：「你不是不會，只是在這個時間點裡，還沒有找到方法。試看看，還有其他的方法嗎？」

甚至那些數學不靈光的孩子，當我看到他們學會了、面對很難的題目卻答對了，或是他小心地處理那行算式，**我都會用誇張的語氣，開心地告訴他們**：「你的努力，讓你弄懂了，要為自己拍拍手，謝謝自己。」「其實你有一個好的頭腦，不讀書，放棄了，

實在是太可惜了。」

7 鼓勵孩子多元的解題策略

教孩子數學時，可以的話，同時間我會列出兩到三個算式來，讓孩子可以從不同的角度去切入題目。

理解能力好的孩子，就可以學習更高階、較統整的快速解法；理解能力還跟不上的孩子，沒關係，就用簡單但花點時間的方法，再慢慢地解開題目就好。解題完，我會問孩子們聽得懂哪個解法、會想採用哪個解法呢？

我要做的就是示範。示範在面對數學時，要保有靈活的思緒，用自己已學會的能力，多方嘗試，去試著解開未知的題目。而不是限制孩子只能用課本上的解題公式來解題。

8 給孩子公式和標準答案，會扼殺學習動力

直接教孩子如何算，或是給他們算式或抄答案，等於在消磨他們對數學的興趣與熱情。

當孩子來發問時，引導他們理解公式如何而來，並且在生活情境裡運用，這才是有意義的學習，也才是真正地學會。

所以**我都會用「放聲思考法」，我問，孩子回答**。一步一步地帶著孩子去思考下一個步驟該如何列式，並且最後讓孩子後設認知地說出剛才的解題過程是什麼。

當孩子能說出完整的過程時，他會開心地蹦蹦跳跳回去寫他的數學難題。而這樣的指導模式，需要大人和孩子一起練習，養成習慣。

9抽象的數學，需要生活經驗的擴充來助攻

要對孩子強調，數學即是生活，生活裡處處是數學，並且展示、證明給他們看。

之前暑假時，小蘇姑娘多了很多時間，於是我讓她協助整理家裡。讓她把多年的舊書整理打包、上架賣二手書，並且全數當作她的獎學金。

那陣子的小蘇姑娘超級無敵投入，每天在清潔書本、裝箱、打包、算成本、算折數、算訂價中，忙得好開心。而無形中，也把「成本、訂價、打折數」這魔王習題全學會了。有時候整理到一本好書，她也會停下來，開始翻閱。這件事，不但讓她學習整理家務、建立金錢觀念、複習數學觀念，還能增加閱讀能力，真是好處多到爆表的好點子啊！

10找出孩子的學習卡關難處

這位媽媽友人超棒，即使孩子畢業了，仍有心地帶著孩子重新再複習過往的學習單

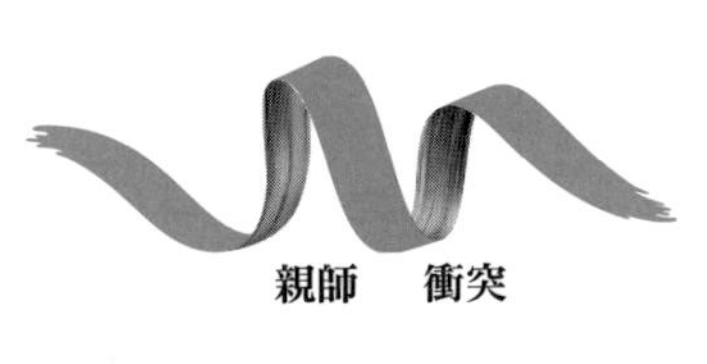

元，想在升國中前為孩子打好數學基礎，而不是把孩子的學習外包出去。

不過媽媽友人最想發問的是：有沒有一個系統可以更快速、更直接檢視孩子的學習卡關處？

目前「均一教育平台」的檢測功能做得不錯，會為孩子列出「建議的活動」，並引導孩子前往該單元深入學習。或是家長也可以在平台上幫學生出考卷，平台也會直接幫忙分析孩子的卡關單元，並為孩子推薦可以繼續深入學習的單元。

◆◆◆

數學不會，就真的是不會嗎？也許我們可以跟孩子分享，遇到困難就想放棄，這種念頭是身為人都一定會有的。只不過，不想放棄的不甘心，想必還在心裡頭跳動著。

孩子從來不缺的就是指責和規定，他們更需要的其實是突破困境的方法。陪著孩子從困境中找到方法，是送給孩子一生最好的禮物。我們一起再努力看看，讓孩子再一次愛上學習吧！

父母的愛，卻成為孩子的利刃

——家長先學習看到孩子的長處，且說出孩子的10個優點

一位老師發問：

我有一位學生，焦慮的爸爸最近和孩子有不少的親子衝突。原因是因為孩子補私中課程的成績下降，爸爸嚴厲責罵孩子，並且對於孩子的生活作息、網路使用習慣、與家長應對的態度……這些方面多有指責。親子衝突持續發生，孩子的回應態度冷漠，讓爸爸的焦慮與指責似乎更高了。

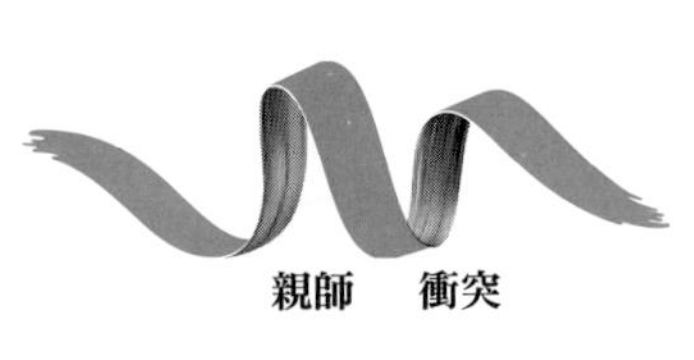

基本上這些親子衝突來自於「補私中」、「成績不佳」，看來家長已有對分數的執著與迷思。**只要因成績不理想就責備小孩，說起來都是大人自己對成績的內在課題。**

這位老師擔心學生這陣子會做出傷害自己的事情，另外他也想請問家長可以怎麼幫助自己度過焦慮。

所以我先跳脫老師的立場，試著用同理心，來思考這位爸爸的心情。

我說：「很多所謂的『看不順眼』，都是一種擔心。擔心孩子的學習能力不佳，擔心他的學習態度不夠好，擔心生活習慣紊亂，擔心網路成癮，該怎麼辦……

「擔心之餘，只好出言提醒。但一次又一次的提醒不佳，提醒到第三次，就變成不耐煩或嚴厲的指責，並且用高強度音量來限制或強制執行命令。

「不過，話說回來，他的小孩一定也有很多委屈。他覺得爸爸並不了解他，小孩有做過很多的努力，他有試著配合，但他不理解為何爸爸始終看不到這些努力。

「做這也不對，做那也不對。小孩心裡害怕，怕東怕西的，最後什麼都不做或不敢做，只好整天擺爛、放空，但這更惹來爸爸的不悅。」

當愛變成擔心，極易變成傷人的指責

朋友說：「這下可好了，進入了惡性循環。」

我說：「我相信爸爸的內心一定也好痛苦，因為他是如此地努力，但卻把孩子推得愈遠。他不明白孩子為什麼都黏媽媽，不明白孩子為何在心裡把他形塑成凶狠的壞人，或是整天氣呼呼的怪物？」

我對朋友說：「所以，可以的話，要轉達給那位爸爸：他心裡是愛孩子的，孩子也愛他。

「他是如此地愛孩子，才會如此擔心。孩子也愛爸爸，那些努力的蛛絲馬跡，都是線索。

「只是我們常把愛變成擔心，化成一種傷人的指責。我們做家長的，要清楚看到自己表達愛的方式，是否不經意成為孩子害怕的利刃。

「傷痛和裂痕，是可以被修復的。只要好好地說出自己內心的愛，用對方能接受的方式來說話，並讓孩子選擇他自己運行的方式。」

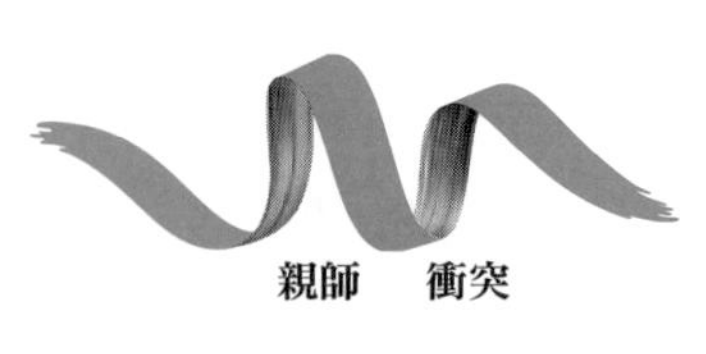

讓爸爸說出孩子的10個優點

朋友說：「是啊，我曾努力回應爸爸的擔心，也示範如何跟孩子開啟對話。提醒指責、直接命令跟孩子互動的方式，只會把關係愈拉愈遠。」

我說：「一般人，尤其是在電話裡，不容易理解我們所說的。畢竟一轉身，又處處看到孩子的缺點。」

我試著提出建議：「學習看到孩子的優點很重要，讓他說出十個孩子的優點好了。」

朋友說：「這好適合！請爸爸把看到的缺點先記下來就好，先不要跟孩子說。」

我說：「並且讓他說說十個關於孩子很小的時候，他覺得最開心、最狂喜的時刻。

「當孩子愈來愈大時，我們常用更高標準來檢視他，卻忘了當他小時候，只要每一次的第一次：第一次笑、第一次會爬、第一次站起來、第一次開口叫爸爸、第一次生病後痊癒……我們內心是有多麼的狂喜。我們常忘了，那種只要孩子健康、快樂就好的單純時刻。

「我自己常常想著『愛與擔心』這件事。也常常告訴自己：要記得孩子小時候那種單純的快樂。」

大多數的爸爸不做這件事

我繼續說：「對了，我還常常跟小蘇姑娘說『對不起』。我會說：『對不起，剛才我凶巴巴的。』『對不起，我剛才語氣不太好，我太心急了。』」

朋友說：「我必須說，這對傳統形象的爸爸來說，好難喔！爸爸的形象，是這麼強韌的一家之主。」

我說：「而且，我還會跟她抱抱，說：『你知道爸比很愛你的。』她會說她知道。」

朋友說：「光想像那個畫面，無論原先在爭吵什麼，都化解了啊！」

我說：「這的確很難，但只要做了一次後，後面就自在多了。」

朋友說：「嗯嗯，**這是爸爸的小小一步，卻是親子關係修復的大大一步**。」

我說：「你要告訴這位爸爸，孩子小時候就要多抱，再大一點，他就不給抱了。而且，從小沒有常被抱抱的小孩，未免太可憐了！」

朋友說：「這心情，想必身在其中，會好深刻。」

我說：「我之前有 po 文說我跟小蘇姑娘說『對不起』，底下有留言：『沒見過有爸爸跟小孩說對不起的。』我才發現原來大多數的爸爸沒做這事。」

朋友說：「真的啊，太不符合社會對家長威權的形象了！為了鞏固自己家長不可違

逆的尊嚴、事事掌握的控制感、消除不符合期待的焦慮……這些總總，都是破壞親子關係的利器。」

我說：「等孩子大了，就覺得爸爸在情緒勒索，接著就跟家長斷絕親子關係……」

討論至此，我們又深深地嘆了一口氣。

◆◆◆

過往親師溝通時，我發現大多數家庭都是由媽媽們與老師密切聯繫。然而，我卻發現，**在孩子的行為問題上，爸爸這角色扮演深具影響力的關鍵**。

所以，現在我都很直接地撥打電話給爸爸們。希望在孩子的教養上，用正向溝通的語言，為彼此找到成長型思維的立足點。

去掉愛裡那份擔心與情緒，讓孩子感受到爸爸對他的純粹的愛。

爸爸們，我們一起來校正回歸吧！

討愛的妹妹：「爸媽偏心，只愛優秀的哥哥……」

——4個提醒，搶救手足戰爭

和朋友聊天，朋友談到她最近的煩惱，想來請教當國小老師的我，能否給予一些適切的建議。

家中排行老二的女兒最近情緒很大，每天都有自己的意見，動不動就發脾氣。

朋友為人溫柔、謙遜，總是細心協助他人，不是會隨意責備孩子的媽媽，但也不溺愛孩子。她只能一次又一次和女兒好好說話，但親子之間每天衝突不斷，她感到十分苦惱。

我們繼續拼湊更多細節，發現女孩有個優秀的哥哥，哥哥總是自律地做好每件事，不讓爸媽煩心。

用反抗、故意挨罵，獲得大人的在乎或關心

「妹妹在討愛啊！」我說。

「因為哥哥太優秀，妹妹怕爸媽只有看到哥哥的好，而看不到她的需求，因此只能用吵鬧的方式來獲得關注。」

「但是我都一視同仁。」朋友委屈地說。

「我教過很多的學生，他們的內在都有著『爸媽偏心，覺得自己被忽視』的議題。他們通常都有著表現優秀的兄弟姊妹，所以內在隱含很大的恐懼情緒，用反抗、故意挨罵，來獲得大人的在乎或關心。」

我繼續說：「有意思的是，這些爸媽都冤枉地說：『我都一視同仁啊！』這是因為父母和孩子站在不同的視角所造成的。孩子因為自卑感，產生不安全感，而對爸媽的行為做出錯誤的解讀，因而用這種方式來討愛。」

「那要怎麼做呢？」朋友問。

把孩子的犯錯行為與他的真誠心意，分開來看

「告訴她，不管她表現如何，爸媽會一直愛著她。讓她感受到即使表現不好，身邊仍有著不求表現、不求回報的愛。

「其次，**讓他們合作**。讓兩個孩子一起完成任務，打破爸媽無意間營造出來的壁壘分明的『偽公平』。

「三，讓他們為對方做一些事情，用關心對方，感受到『付出比接受更快樂』的道理。

「並且，試著**用具體的事蹟讚美她，讓她有自我價值感**。」

朋友問：「我也很想讚美她，但和哥哥比起來，她很多事情沒做好，不知道該如何讚美她。」

我說：「教書很多年，教會我一個很重要的能力，就是把孩子的犯錯行為與他的真誠心意，分開來看。犯錯是結果，也是輔導的起因，但我可以從一系列的對話中，仍能找出孩子態度中值得讚許之處，而且是真心的。

「阿德勒雖說不要讚美孩子，以免孩子過於渴求讚美而變得討好。但要讓孩子有存

在的價值感，對自我認同，因此我們可以說『謝謝』，我們要為她澄清並看見努力後的自我價值感。

「也就是客觀、具體陳述她的努力行為、她的認真態度。她想要改變、她覺得很抱歉、她有試著努力彌補……這些真誠的心意，都應該切割出來，告訴她，我們看到了。謝謝她對自己的努力，為她點亮自責的幽暗低谷。」

當爸媽的我們，也要謝謝自己

朋友若有所思地點點頭：「對過程中的努力進行讚美，對認真態度進行讚美，這功夫，我還得再多練習才行。」

其實，我自己也仍然在學習。過往，我不吝於讚美孩子，但現在我更謹慎小心地不帶著大人的評論，用「謝謝」、「謝謝你的幫忙」、「謝謝你這麼努力的……」這些字句，帶著孩子看到自我的價值，他們開始自我認同，進而願意對他人產生貢獻。

同時，當爸媽的我們，也要謝謝自己。

謝謝自己在這麼忙亂的生活裡，仍這麼用心學習，努力想帶好孩子。

我們肯定了自己，才不會從孩子身上討愛，愛就會開始流動在我們之間。

第五篇：專業展現

親師有效溝通的第五個心法，就是「專業」。每個階段的教師都有其自身的專業，教師專業涵括：教育專業、學科教學、教學設計、教學實施、學習評量、班級經營、學生輔導、專業成長、專業責任及協作領導等多方面。因此，即便是充滿熱情而只是缺乏教學經驗的社會人士，一旦進入教室授課，也可能立即面臨各種挑戰與挫折。

這也是我對低年級老師及幼教老師十分尊敬的原因，因為那並不是我熟悉或擅長的領域。我還記得有一回我去幫忙代課一年級的課後托育班，但一節課都過了大半，我竟然還沒能點完名，因為我找不全所有的學生，只能忙亂地四處尋找還散落在校園裡玩耍的學生。不過，一位值得家長尊敬的老師，是會對自身的專業能力自我要求，持續充實教育領域的新知。**很多親師衝突的爆發點，往往源於家長質疑教師仍用二、三十年前的教育思維，在帶領新一代的學生；或是教師過度強調自身的專業，來強壓家長所提出的個別訴求**。真正的教師專業，應該是在教學時充滿深度與廣度，是能夠激發學生高昂的學習動機，是在班級經營上充滿智慧與彈性，是在與學生、家長互動時，每一言一行之間，都展現出正向、積極與寬容。在與家長溝通的過程中，老師若能夠運用過往的經驗，以及與時俱進的專業知識與技能，解答家長的疑問，並協助孩子克服學習上的困難，我相信必能獲得家長們的高度信任，無形中化解了家長內心的擔憂，同時也消弭了未來親師間可能發生的阻力與衝突。

老師篇

家長之所以對老師感到焦慮，主要是因為感受不到老師在教學上或帶領學生的專業。所以老師應該盡可能的，在任何與家長互動的過程中，不經意展現自身的專業。而每天無形中的真誠互動，透明、公開的教室，也是愈能讓家長感到安心的，這些就是親師之間的信任感累積。

請主動出擊，把握親師接觸的機會，讓家長感受到老師的用心與專業。例如：在聯絡簿裡融入每日寫作的訓練，用正向文字寫下對孩子的鼓勵與指導，讓家長們看到老師專業的指導，以及孩子在學習能力及心性上的進步。或是透過定期發行班訊或班刊，與家長分享教養觀念。或是分享好文及設計家長學習單，

一起從親子閱讀中提升親職教養的實力。

我的班上是透過臉書社團的功能，來經營親師關係。善用社群網站的即時功能，每天將學生的活動照片以及優秀作品，在第一時間內傳送至家長的手機裡。從拍照、點選、加注說明、再送出訊息，**前後可能花不到老師五分鐘，卻能夠彷若邀請家長們走進教室內，身歷其境地參與孩子的學習**。

請多加幾句溫暖且正向的說明，讓家長體會到老師所展現的專業能力，以及背後所蘊含的教育理念。例如：在陽光灑落的晨間時光，上傳一批全班靜心晨讀的畫面，每位孩子充滿氣質和智慧的神情，相信會感動每一位家長；也別忘了寫下幾句對於推動閱讀的想法、閱讀習慣所帶來的成效，以及家長在家中閱讀指導的建議。家長們會感受到老師在推動閱讀的用心與專業，也會更相信他們的孩子在這班上會過得十分的幸福。

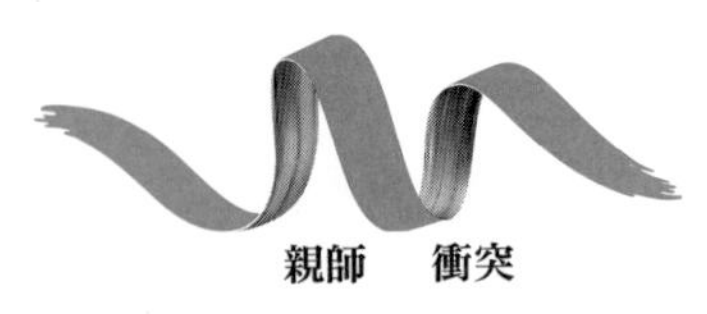

當家長不信任老師（上）

——老師的首要任務是積極向家長展現專業

一位好友老師向我透露這幾年帶班的心路歷程。

在別所學校深受家長愛戴的她，調來這學校後，卻因為一次偶發的事件，讓她遭受家長的誤會。

因此，她這幾年來，在家長圈裡飽受流言之苦。

即便她帶班再怎麼用心、即便有家長們的力挺保證，但在每次分班前，有些家長仍對她投下許多不信任彈。

她的陳述輕描淡寫，但想必這些年吃了不少苦。我認識她好些年了，她是一位熱情、沒有心機、會願意為孩子付出一切的熱情老師。她會有這樣的經歷，我也為她感到心疼。

於是，我也和她分享我過往的一段經歷：

很多年前，在那個家長還能私下指定班級的年代，我的班上也擠進許多特定人士的孩子。

然而，這些對孩子有高度期待的家長，也對老師有高度期待。當這些家長發現我並不是他們想像中的「那種老師」時，就在家長圈裡傳出許多負面的耳語。

這些耳語也持續了好幾年，我的心情難免受到影響。

不過，事後，我釋懷地想：其實這也有好處，至少這類望子成龍、成鳳的家長，不會再熱衷擠進我的班級，我才能真正帶出我想要教出的孩子類型。

聽完我的分享後，好友訝異不已。

我繼續說：「不過這些年來，累積了不少和家長溝通的經驗，同時我也更能同理每位孩子與家庭的處境與需求，因此得到許多家長的回饋與支持。這幾屆的班級帶下來，反而是獲得家長們前所未有的熱烈肯定。」

親師紛爭，多數是孩子在中間傳達時，出了狀況

朋友問：「那麼，究竟要如何和家長溝通呢？」

我反問了一個問題：「你覺得班上的孩子喜歡你這位老師嗎？他們愛你嗎？」

朋友肯定地說：「我上課很有趣，而且他們知道我對他們很好，所以我想他們喜歡我這位老師。」

我說：「那很好。你有沒有發現，其實老師和家長之間的紛爭，大多數都是孩子在中間傳達時出了狀況，讓家長對老師產生了誤會。所以，我都會和孩子分析他們的重要性，**教他們傳達時要客觀，要跟爸媽把話講清楚**；要成為協助爸媽和老師溝通的好幫手，而不是刻意製造出更多問題來。

「要避免親師衝突，首先是深具同理心的班級經營，其次是讓孩子成為親師溝通的好幫手，三是透明、公開的溝通連結，四是建立展現專業的平台。」

在家長面前展現教師的專業

我繼續說：「你的問題，源自於家長在認識你之前，就對你產生不信任感，所以你應該要在家長面前展現教師的專業。」

「教師的專業？」

我說：「是啊！既然家長對你不夠了解，那麼你就愈要展現出自己的專業及教學理念。通常**在開學前，我就會打通電話向家長自我介紹，也對孩子們有初步的認識**。

「其次，在第一次親師座談會時，我會細心準備相關資料，包括個人介紹、個人著作、教學成果、畢業學生的學習成果……展現我這些年的成長與專業。

「我也會準備一些與親職教育相關的文章，和家長們分享自己的教學理念。雖然從開學到親師座談會當天，只經過半個月，但仍有不少孩子有明顯的進步，所以我會展現他們的學習成果，也請家長們互相交流、分享如何才能帶出學習認真、貼心盡責的好孩子。」

朋友說：「原來親師座談會可以做這麼多事情？」

「是啊，這是和家長們的第一次碰面，當然要讓他們放下內心的焦慮嘍！開親師座談會不應該只是學校事務宣布，或是對老師的批鬥大會，而是和家長們分享一些正向、

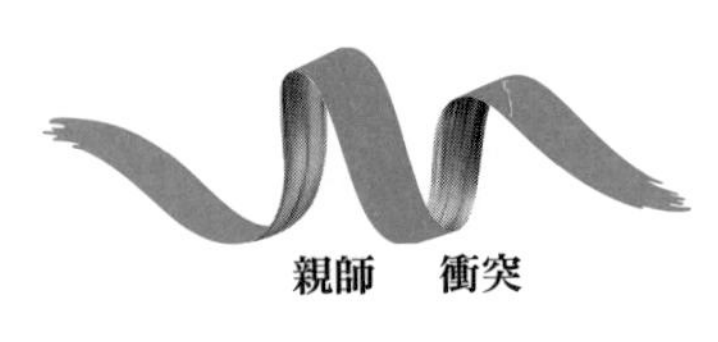

積極的教養觀念，讓他們來學校開親師座談會，也能帶著滿滿的收穫回家。」

以臉書社團，與家長互動

我接著說：「當然還有很多展現老師專業的方式，例如：每週發行班刊，和家長聊聊最近班上發生的大事；每日聯絡簿的寫作，雖然這要花去我很多時間批改，但是家長每天都看得到老師對待孩子的用心、看得到老師批改作業時的專業，也看得到自己孩子的成長。他們會對老師更加認同，也會減少親師之間很多不必要的誤會。」

我繼續說：「這些年來，在與家長的互動上，我融入了臉書社團。每天放學前，我就會把今日的作業項目上傳社團；每天我也會把孩子們的優秀作品放到網站上，和家長們分享這些可愛的作品；我更會在下方給予評語與建議，引導家長們去欣賞孩子的文字裡值得我們嘉許的細節；**帶領家長去觀看全班孩子的優點**，讓他們知道如何才能讓自己的孩子更加進步。

「實施一段時間下來，我發現全班的家長，都一致地朝著『讓全班孩子更好』的角度看去，而不是只關注在自己孩子權益上。當所有的家長都關心著全班孩子時，整個班級氣氛就轉向更正向的氛圍了。」

一點一滴向家長展現老師如何關心他們的孩子

朋友驚呼：「你做了好多事情啊！比較起來，我真的少做了好多。」

我說：「其實不是我做了很多事，而是這就是力氣的刀口。我就是透過這些與家長接觸的窗口，一點一滴向家長展現我如何關心他們的孩子，也藉此展現自己的專業能力。雖然一開始要花去很多時間，但一段時間後就能駕輕就熟，家長們也會幫忙協助分擔班級事務。這可是很棒的時間投資呢！」

◆◆◆

在聊天的過程中，感受到朋友慢慢放下心中那一份沮喪。朋友說現在的她更有想法了，回去後會認真思索該如何展現自己的專業。

我微微笑地說：「有時候，**一個班級需要的是一股安心、溫暖的安全感。但不單單是孩子，連家長也是如此**。何不讓家長們放下焦慮的心，為他們創造更多安心的笑容呢？」

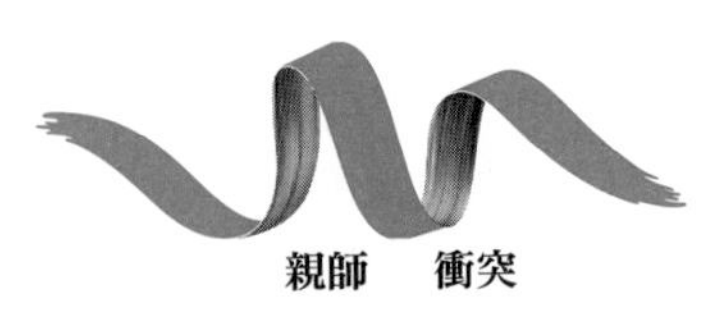

當家長不信任老師（下）

——邀請所有的家長加入班級FB社團

剛好在寫完前一篇文章後，就有兩位年輕老師來請教如何和家長互動的問題。

家長希望我要求學生訂正作業時，不要在作業簿上摺頁。如果需要孩子訂正作業，希望老師寫在聯絡簿上面就好。但是這樣一來一往，會花去好多時間……

有些家長很在意學生的字體沒寫好，希望我能嚴格要求學生的字體……

跟前一個班級相比，這個班級家長的要求真的很多，但這些不是家長也要一同協助的嗎？我是該表明教師專業的立場，還是全力配合家長的需求呢？

這兩位年輕老師，平時教學認真，也積極向資深老師請益，我很樂意和他們分享自己在訂正作業與字體指導的具體做法。

不過這兩位老師因為教學年資較淺，容易被家長視為教學經驗不足，的確也需要給予他們一些親師溝通的相關建議。

媽媽留言「請老師協助清洗小孩的餐具」?!

我說：「通常家長會提出一些疑問或看法，大概可以分為幾個類別：一，是請教老師全班共通性的問題；二，是提出孩子的個別需求；三，是家長過度依賴老師的協助；四，是對老師提出質疑與不信任。

「第一、二類家長的發言，不妨視為好事，畢竟保持暢通的親師溝通管道十分重要，所以不妨多些同理心，傾聽他們的聲音。第三類家長的發言，則**需要將老師的權責與家長的義務兩者劃分清楚**。前幾天我看到一則貼文，有學生忘了帶餐袋回家，媽媽留言請老師協助清洗小孩的餐具。但家長可能忘了，教師工作的主體是教學，而非小孩的生活照顧者，我們能同理家長的焦慮，但我們該做的是教孩子養成良好的生活習慣，教孩子如何負起責任。我們可以建議家長讓小孩帶另一組餐具來學校，並教孩子自己清洗前一天的餐具。這是我們要幫家長釐清權責的部分。

「第四類家長的發言，則需要我們更有耐心地進行溝通，畢竟家長已對老師產生質疑及不信任，那麼更要展現老師的專業，及時化解彼此的誤解。」

親師溝通的中心點是孩子

老師發問：「那麼，要如何展現教師的專業呢？」

「親師溝通都是透過學生作為中間傳話的橋梁。所以親師溝通的中心點是孩子，要讓學生喜歡這位老師，要讓學生覺得老師是善待他們、是真心為他們好、是能同理他們的需求，並願意做出適度且彈性的調整。

「當孩子喜歡這位老師，回家滿口都是『我們老師人好好』、『上學好好玩』、『今天我們學到好多東西』……家長們對老師會有滿滿的信任感，即便發生一些小事件，家長們也會信任老師的處置方式。

「反之，若是孩子對老師有偏見，對老師的種種作為心生不滿，回家後對白天發生的事情加油添醋，家長們聽久了，會對老師有諸多負面觀感，很多的小事也會擴大成難以收拾的局面。」

邀請所有的家長加入班級臉書社團

「第二個就是讓班級更加透明且公開，讓家長知道老師究竟有多專業。我習慣為班上成立一個臉書社團，邀請所有的家長加入班級臉書社團裡。每天我大概會發幾則貼文，有時候一天高達五則以上。這些貼文包括：每日回家功課、老師的叮嚀、學生優秀作品賞析、教學活動側拍、學生個人照……**當班級的運作愈透明，家長們看到老師的用心跟專業時，所提出的意見或質疑就會少很多。**

「家長很喜歡看到自己孩子的照片被 po 出，所以只要有時間，我就會多拍一些教學照片或個人照，家長就會心滿意足地蒐集這些成長足跡。

「我會在這些短短的文字裡，不經意地傳達出：這個教學活動的教學目標是什麼、這件事情能帶來什麼益處、我的教學信念是什麼……每天傳達一些些，家長們會懂老師在做什麼，他們對班級的運作及規範，也會比較熟悉且放心。」

僅需兩、三分鐘，就能在班級臉書社團發出一則貼文

年輕老師發問：「用這樣的方法進行溝通，每天需要花多少時間管理班級社團呢？」

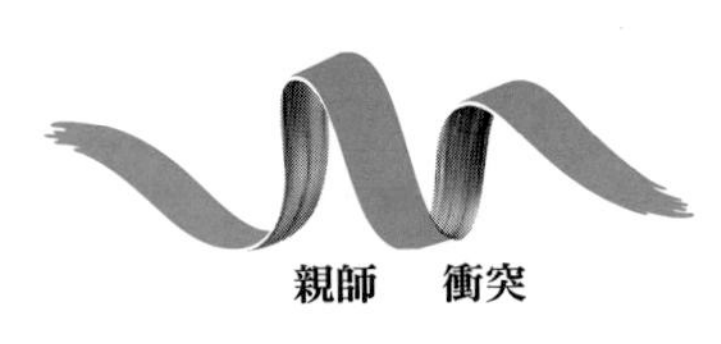

我拿起手機示範：「就像這樣，先開啟語音輸入的功能，快速留下一些字句，再修些標點符號。接著點選照片，按下送出鍵，其實兩到三分鐘就能發出一則貼文。

「例如今天的國語課，我讓學生運用大白板進行小組討論，就隨手側拍了這些上課的花絮。我剛才已上傳這些美好的畫面到班級的臉書社團，並且留下一段文字：『在108新課綱裡，強調『溝通互動』以及『社會參與』，在未來的學習路上，孩子能夠與他人一起合作、一起參與，在未來每個階段中，都是非常重要的能力。照片中的孩子們都很棒呢！小組討論的時候，都非常積極、認真地參與。』

年輕老師說：「這樣好像真的很方便，又很有效率呢！」

透過班級臉書社團的分享，讓家長調整教養觀念

「例如，剛才你說家長提出訂正作業的質疑，其實你可以上傳一些訂正作業較優秀的作品照片，並在底下說明為什麼訂正很重要、班上的訂正規範有哪些、這樣的訂正規範會帶來什麼樣的好處。稍微帶到幾句話，家長就會比較知道要如何配合。

「像我就在這個新班級裡，上傳好幾次訂正作業加分的照片，並說明留下錯誤解題歷程的訂正方式，對學生的好處是什麼。每上傳一次，全班交回來的作業就會更符合

我的期待，完成的人數也會更多一些。

「我們老師接觸的教學方式，以及觀點都較為新穎，但有些家長確實是用以前的舊經驗來教育孩子，所以透過這樣每天的分享，能讓家長調整自己的教養觀念，與老師站在同一陣線上。」

年輕老師點點頭說：「嗯，因為家長們都知道老師在班上的具體做法是什麼了。」

「但**請留意，口吻上不要太嚴肅，或帶有指責意味**，這樣長久下來家長會受不了，而用『罷看』的方式滑過，反而讓許多重要訊息無法即時傳達給家長。

「我們應該用讚美及成長型思維的正向語言，讓彼此樂於進行觀念的分享與交流。最好的做法，就是在一些看起來很歡樂、很開心的照片底下，寫下一些文字，這樣的溝通效果最具有傳達力。」

如何把所有的家長加進班級臉書社團？

年輕老師又發問：「那要怎麼樣把所有家長都加進社團裡呢？感覺是個大工程？」

「成立一個共同群組是有必要。之前疫情期間，所有的學校作息被打亂，老師得一個又一個的個別聯繫家長，真的很麻煩。當全班家長都進來班級社團後，公告共同的

訊息就容易許多。

「我不太喜歡用 LINE 來成立群組，因為訊息容易被洗版，無法有系統管理，情緒也容易被渲染，甚至容易引發筆戰。**目前我採取的是 LINE 官方帳號和臉書社團雙軌進行的模式**，在家長端是他們所熟悉的 LINE 介面，但老師端這邊卻能保有一些隱私和管理功能。

「不過，群發訊息的功能，我還是習慣用臉書社團，作為班級內部的親師溝通管道。

「我會發下一張通知單，上面列有三種方法：第一種方法，就是到臉書網站，在搜尋框裡搜『○○國小○年○班』，就找得到這個社團。第二種方法，我將臉書社團網址轉成 QR Code，家長直接用手機掃描即可加入。第三種方法，就是請家長提供電子信箱，我再個別邀請家長加入。我會和全班學生一起觀看，查看看哪些爸媽還沒有加進來。如果這樣聯絡，就可以比較全面性地聯絡到全班家長。」

年輕老師顯得躍躍欲試：「好，那我回去後，要快些成立臉書親師社團。」

我笑著說：「讓班級的運作透明化，傳達老師的教學理念，給予家長一些教養觀念的重建，讓家長覺得老師是真心為孩子的學習好，並累積家長對老師的信任感，這些都有助於在家長心中奠定教師專業的形象。

「也因為我們每天都如此用心地進行親師互動，無須太過刻意，親師之間，就能達到共好的雙贏境界了。」

家長篇

當孩子遇到一些學習問題的時候，家長可以尋求一些專業上的協助。例如前文曾提到有家長問老師「孩子聽不懂數學，希望老師可以多加解釋」，這兩句話如果換成「請問老師，最近我的孩子在班上的學習狀況如何呢？」結果可能會完全不一樣。

家長其實可以從述說孩子的困境切入，例如「孩子在家裡寫習題都錯誤連篇，而且他常常會覺得很挫折，想請教老師有沒有好方法讓我在家裡可以去協助自己孩子學習數學呢？」而不是：「孩子聽不懂數學，請老師再多解釋。」**前者是用請教老師專業的方式，後者則是把孩子學不好的責任又推回給老師。**

家長如果可以用前者的表達方式，喚醒老師的同理心，老師可能會提供很多專業的建議。

其次，家長也可以教孩子去請教老師的專業。如果孩子願意主動詢問老師、請教老師數學，其實身為老師的我，會非常開心與感動：「終於有學生願意走到我面前，請教我數學怎麼算了。」

另外，如果家長跟老師之間發生一些衝突，而無法解決，可以向學校行政知會，或是尋求學校家長會的協助。

保護孩子安全，這是我們每一個人都應該要努力的。不管是學校的家長會，或是學校的行政、組長、主任及校長，他們都會主動保護孩子，而不會去姑息一些不適任的老師。所以家長也請放心，校園裡不會有官官相護的問題，因為這些都有相關的法令規範及標準的處理流程。

我家小孩被老師貼上說謊的標籤

——家長當面與老師溝通，勝於用電話或文字

未曾在臉書上有互動的親戚，卻突然捎來私訊。我猜，應該是要請教一些教養上的問題。果不其然，這位親戚詢問：

我的兒子今年一年級，兩個月前在繳交作業時，被老師單方面認為他在說謊，之後，我有用私訊澄清。

前幾天，兒子在學校被其他同學打。導師詢問他發生過程，認為兒子在說謊。我們不理解的部分是導師好像對兒子貼上說謊的標籤，引導他說出不是事實的自述。

請問遇到這個狀況，我們家長要如何解決比較適當？

細節還不夠清楚，所以我問：「在這次被打的事件中，老師為什麼會認為他在說謊呢？」

「主要是詢問兒子是否有先拿球丟對方，兒子表示沒有，但老師說『你最近一直在說謊』，兒子就改口說『有』。但前一晚，我們就有跟兒子確認，他說『沒有』。我們相信他說的是事實，我們覺得導師在詢問的過程中，引導孩子說出不是正確事實的陳述。」

親戚的語氣，感覺十分委屈。

我說：「這部分因為牽涉到不同年級的受傷事件，照理說應該是學校學務處的處理層級。你們可以去學校一趟，請學務處的行政人員協助處理。」

親戚說：「這兩天都有去學校找學務處的相關人員進行釐清，也跟對方家長和解。但我們擔心的是，兒子的導師態度，讓我們明顯感受到孩子被誤解了。」

我繼續追問更多衝突過程中的細節：「對方有表示被丟球嗎？」

「對方是一位高敏感族的孩子，他說『有』。不過當時教練不在場，所以我們不是很確定。」

我說：「其實年紀小的孩子，發生這種事情時，都很羅生門。他們自己都搞不清楚真相是什麼，愈問愈糊塗。」

學生受傷的事件，常引發親師衝突

多年前，我也曾經處理過三年級與一年級學生的互撞受傷事件。剛開始，我只是好意想還原真相，但在受傷者、肇事者、圍觀者年紀都還小，三方彼此都講不清楚的狀況下，最後我差點被家長提告我霸凌學生。

學生受傷的事件，若沒有好好處理，常是親師衝突的主要來源。我相信不管是家長或是老師，在這樣事件中都感受到相當無奈。

親戚表示：「其實我們糾結的點是，學校一開始就不相信孩子所說的。」

我試著給出同理心：「嗯，當媽媽的你，想必是很心疼孩子的處境。」

親戚嘆了一口氣，說出為人父母內心的擔憂：「因為導師的處理方式讓我們覺得有

距離感，但孩子在她手上，我又不好直接詢問。」

親戚也傳來兩個月前與老師的訊息截圖，其實老師的語氣算是客氣、委婉，但也明確告知原因。

持續釐清問題

讀完老師的訊息後，我繼續試著釐清問題的關鍵：「我比較好奇，也想繼續了解的是：

一、孩子為什麼前一天和隔天說的不一樣？

二、老師口裡說『在學校經常辯解』，是發生過什麼事情？老師能否舉例？

三、孩子在家中，也有發生事情會辯解的習慣嗎？」

親戚表示：「剛才和兒子聊天，他說一開始，他跟老師說『沒有』。老師聽完，說他『最近一直在說謊』，他才改口說『有』。但更動的部分，他自己沒有很明確表示是老師的引導才改說詞。」

聽完，我更感到好奇：「為什麼老師會說他『最近一直在說謊』，最近發生了哪些事情呢？又為什麼老師說他說謊，他就改口？」

親戚表示：「這部分問兒子沒得到答案，所以想找一天去學校了解。」

我重新研究了一下私訊內容，我說：「我剛回去看了一下老師的私訊，老師表示在調皮捉弄同學後不太敢承認，應該就是這些事情造成老師對孩子的既定印象。或許這位老師是主觀意識較重的老師，也或許是這些和同學之間發生的相處問題，造成她對孩子的印象不佳。」

原來誤讀老師的訊息

親戚那端沉寂了一陣子，突然傳來訊息：「我們現在才重新看過老師的內文，原來是同一句！私訊上面的文字斷點，造成我們自己判斷錯誤。」

「什麼意思？」

「我們以為『調皮』，跟後一句的『辯解』，是兩件事情。」

親戚算是明理的家長，很聰慧地讀懂了老師的弦外之音。既然有發現是誤讀了訊息，那就比較容易解開親師之間的衝突。

我說：「從十月份到現在，如果老師表示『最近一直』，代表最近仍然有出現這樣的問題。不過我想，這件跨年級衝突事件，老師應該也不會想插手了。若去跟她多說明什麼，也沒有證據證明她對孩子的印象是錯的。」

我繼續說：「我的建議是，如果不想跟老師起衝突，關於老師單方面的誤解可能是無解，家長想要多解釋，老師也不太相信。

要消除老師的偏見，要從孩子與人相處的調皮、惡作劇這方面調整。盡量少出現這樣的行為，老師不會再多說些什麼，也就不會有孩子被認為在辯解的後續狀況出現。」

送小禮物，感謝老師幫忙

親戚表示：「兒子的導師比較不會主動跟家長互動。假如兒子在校真的很頑皮，導師後續也沒有再跟我們反映。所以，我們也不要主動去拜訪老師，這樣是比較好的做法嗎？」

我說：「和老師溝通，用文字溝通很容易有預設立場的誤解，可以當面聊，或用電話，這樣比較不容易產生誤會或衍生風波。」

「好，我們找時間過去找老師好好談。」

我說：「可以先送個小禮物或花，感謝老師在這次事件中的幫忙（先示好，看看老師的反應），再不經意地提到『孩子在家裡一直表示他沒有拿球丟人，心情很沮喪』之類的狀況（**表達孩子為難的處境**）。

「也可以請教老師，自己孩子最近還有沒有調皮搗蛋或辯解的事情發生。若還有搗蛋或辯解的情形發生，請教老師不知道有沒有好的方式，讓家長可以在家裡也好好教導孩子（**尋求老師專業的建議**）。聽看看老師的專業建議。老師若沒有提供建議，也就謝謝老師的指導，讓孩子進步很多（**回饋老師一直以來的用心指導**）。

「這些都是改善親師關係的方法。老師對孩子及家長沒有那麼敵對，孩子就會比較被舒服地對待。」

父母和老師的視角不同，看到孩子的面向也不同

親戚說：「原來還有這麼大的學問！這次事件發生，讓我發現自己對孩子的認識不夠深入。」

我說：「沒那麼嚴重啦。在家裡，他是最小的孩子，大人們處處都讓他。但孩子到了學校後，大多數問題都是同儕相處的問題。

「家裡本來就是很個別化、用包容與愛對待孩子的地方；但**在學校裡，有些老師則是用規範和統一化來管理學生**。視角不同，看到孩子的面向也不同。不過，親師關係打點好一些，確實老師會比較容易看到孩子良善、有優點的那一面。」

親戚再三感謝：「謝謝你抽空幫我找出關鍵問題，也提供具體方法，真的大感謝。我身邊沒有相關的專業朋友可以請教，請教後，我放心多了。」

◆◆◆

我是真心地希望這些對話對親戚有幫助，也能解開這次親師之間的誤解。

我知道從家長端的角度看孩子，本身就帶著主觀的情感；但若能多了解老師這端的想法，就能更加客觀地協助孩子，親師之間也不會有瞎猜對方想法的如履薄冰感受。

唯有親師關係調整好了，孩子才能在我們合作之中愈來愈好。

我家小孩上課常遲到

——以8項細節，釐清問題

我有一位家長朋友，收到老師的一則私訊，她連忙問我該如何回覆老師的訊息。她的孩子就讀小學二年級，老師提及當天發生的事情：

孩子早上遲到，他卻用不以為意的態度來接受處罰。老師覺得孩子並沒有做到信守承諾「不遲到」這件事情，所以老師決定換另一種處罰方式。

下午在票選品德小天使時，孩子在品德自評表上，勾了「我不說大話」、「答應家長的事，我會做到」這些項目，於是老師在課堂上直接數落了孩子幾句，孩子的臉整個垮下來。

在下課時間的師生溝通中，孩子很理直氣壯地覺得自己沒做錯，對於老師指出他的問題滿臉不悅。老師說要找媽媽談，孩子立即眼眶含淚。

老師跟媽媽溝通時表示：覺得孩子其實心裡很想做到，但現實情況中，他做不到，建議孩子應該表裡一致，在行動上必須符合內心自己的期待……

朋友問：「怎麼辦？我也常覺得我兒子很矛盾。他想要被稱讚，但又常搞砸。請他從小地方簡單的開始做，他又嫌棄這很簡單，他早就會了。有時愛面子，明明不會的，也說自己很厲害。真正叫他做，但明明就不會。對太難的東西就抗拒，會流淚。想要完美，但能力跟不上。」

我偷笑地說：「呵，你兒子生氣啦，所以亂勾。」

接著，我又問了幾個問題：「他常遲到嗎？今天遲到的原因是什麼呢？老師之前有說過什麼嗎？」

為什麼孩子上學常遲到？影響層面廣泛

弄清楚遲到的背後原因後，我特別用**「一位小學老師」的觀點，來幫這位朋友釐清問**

題：

1「上學遲到」對於導師而言，是一件很在意的事。長期上學遲到的孩子，會在老師心中的形象大打折扣。

2**上學遲到，與家裡的作息有很大的關係**。我家女兒也常在上學遲到邊緣，所以我能同理我遲到的學生，但我自己也會嚴正要求小蘇姑娘上學不可以遲到。遲到這件事，要盡量縮小到最少次數，這樣老師的警惕才有效果。前幾天，小蘇姑娘因上學遲到被老師念了一頓後，之後幾天的作息就規律很多。

3這位老師在生氣，氣你家帥哥怎麼承諾後都做不到，也生氣你家帥哥品德自評表亂勾，破壞了老師的教學效果。所以老師說了些重話，而你兒子生氣、哭了，老師事後覺得有些抱歉。

4你家兒子是標準的愛面子小孩，受不了別人指責他，才會有這些後續的反應。愛面子的小孩，要維持在「偶爾沒面子，但不要經常沒面子的狀態」才有效果。若他放棄愛面子了，就會用冷漠、不回應來反抗。

5 有時候被念，也不是壞事。雖然臉垮下來、心裡不舒服，但反而會振作起來，所以這事不是看現在，要看後續是否有效果。老師其實算用心，要感謝他這麼用心教導孩子，並且表示你會好好跟孩子談談；也**說說家中現況的難處，請教老師有沒有可以讓家長對付小孩上學遲到的好建議**。

6 回到小孩身上，要**找出他的努力與用心**，例如：他有努力起床，雖然起不來。讚美他，給他自我價值感，讓他別再自責。同理他一定很難受，再回到和他一起擬定起床計畫，並每天鼓勵這個實踐過程。

7 回到爸媽身上，這也跟你們與孩子的應對有關係。**不要在情緒當下處理事情，要先接納小孩當下的情緒**。記得要在彼此心情穩定的情緒下，再重新啟動這個話題，要愈談愈有效果才行。

8.「自主性」、「勝任感」、「關聯性」，這三個關鍵的心理需求若被滿足，才能讓孩子啟動內在動機。

而運用在上學遲到這件事上，在**自主性**方面，也許能試看看：讓他有多種選擇自己作息的方式，多種選擇起床的方式，讓他想要早點起床，例如買幾個他喜歡的鬧鐘；媽媽做愛心早餐給他吃；一起去學校運動……

在**勝任感**方面：可以讚美他能準時上學；問他今天準時上學得到的好心情和好處，看看可以連續幾天準時到校；讓他為自己蓋個好寶寶章……

在**關聯性**方面：早一點睡覺就能早一點起床，也能享用媽媽的愛心早餐；讓他說說早一點到學校有什麼好處；讓他對老師及同學有良好互動、有歸屬感，激發他有迫不及待想到學校上課的動力……

學生遲到，會讓老師在班級管理上很困擾

朋友驚訝地說：「這八點全部都命中耶？說真的，我不知道上學遲到這件事，對小學老師來說是大忌。」

「遲到會讓老師在班級管理上很困擾。有的學校會把上學遲到列入班級生活教育評分的扣分項目。每天遲到，會讓班上扣分，導師也會承受學校行政的指責壓力。

「另外，**早修通常很忙**，要抄聯絡簿、交作業、消毒工作、打掃工作、完成晨讀或早修作業……**少一個學生，會讓老師覺得沒有辦法掌握、對其他學生不公平，或沒有安全感**。」

朋友說：「原來如此，但其實真相是媽媽自己也都爬不起來，我兒子又依賴媽媽叫他起來。」

我說：「我家指揮媽咪每天都很晚回家，而小時候的小蘇姑娘，每天都想見到媽媽的面、黏著媽媽，才肯去睡覺，或隔天一早起床時和媽媽撒嬌……所以才會拖拖拉拉的，不願意早點起床和出門。」

「是的，就是這樣，而且我早上還要起來煮飯，幫孩子帶便當，所以常來不及。可是我又常會想：這孩子如果真的很在意，如果他發現他媽不可靠，就會自己下定決心起床呀，所以原因還是出在他自己不警醒吧？……好吧，我承認，是媽媽想降低自我愧疚感。」

我說：「孩子還小，雖然心裡在意，但沒辦法化為行動，所以硬著頭皮被罵就算了。但**罵久了，就會真的不在乎了**。」

朋友嘆了一口氣問：「是啊，這怎麼辦呢？」

我笑著說：「哈哈，請服用上述5至8點。」

於是，朋友也笑了，她下了一個結論：「小孩遲到，是家長的問題，我真心這樣覺得。好吧，媽媽我真的要振作了！」

◆◆◆

回覆完朋友這件事情，我覺得很有意思。我一直都覺得：老師和家長都是關心和深愛著孩子，只是常從兩個不同的方向在思考事情。

但是，若能「用老師的教育方式來教養小孩」，「用家長的思維角度來同理學生」，彼此先站在對方的觀點，用較柔軟的同理心來進行溝通，也許我們就能減少親師衝突。讓孩子在良好的親師合作中，真正得到更多適切的協助。

第六篇：教育夥伴

親師一起合作，協助孩子跨越困境

親師避免衝突、有效溝通的最後一個心法，即是「夥伴」。也就是親師之間成為「教育合夥人」的關係，以一致性的方式帶領孩子成長與前進。

不過，「教育合夥人」一詞聽起來很美好，但卻也容易讓人產生過於理想化的錯覺。當孩子發生了一些狀況，親師間的溝通沒有效果，就會演變成親師衝突。老師可能會批評家長不夠積極配合，家長則可能埋怨老師欠缺同理與彈性；或是老師採取最消極的教學態度，或是家長在無計可施下，開始激烈地反擊。

我曾經看過內心受傷的老師，黯然地說：「反正就兩年，我用最低的標準來帶你的孩子就好。」甚至有些認真老師，申請提早退休，遠離傷心地。

我也曾聽聞原本高度支持老師的家長，因為不斷收到老師對孩子情緒性的責備，與老師的關係變得疏遠，甚至變成對立面的敵對勢力。

這對於夾在中間的孩子來說絕非好事，而身處在風暴中的親師生三方，更是傷痕累累。

「教育合夥人」應該是一種合作的關係。既然是「合作」，就有我們一開始設定的目標與期許。我們相信每一段關係裡的合作，都能帶給我們愉悅的心情與長遠的效益。

然而，合作是需要技巧的。在工作上、在學習上，我們需要與持不同意見的人，不停地聆聽、協商、整合、達成共識，經過一次又一次的磨合與練習後，方能建立起愉快的合作關係。

同理，親師關係也是如此。**如果我們能把親師合作視為一種學習歷程，那麼，這過程中的意見分歧，就是最好的學習養分**。如果我們能將親師關係視為一種夥伴關係，那麼就能夠在共同的目標中，互相支援，創造出一段因相遇而美好的善緣。

老師篇

年輕時的我，面對學生的偏差行為時，總是豪情壯志地想著：「沒關係，你家長不教，我來教！」

但是教書很多年後，我才發現這樣還不夠。有些，我在教室裡極力拉住的孩子，才升上國中不到一個學期，臉上的神情全變了樣，即便和同學回來母校走走，也總是避開我的眼神。而我也常從同學的口裡，聽到他闖禍不斷的現況……還有幾位讓我心疼的孩子，在畢業後過得並不好，甚至出現自殘的傾向。我才明白以前那些在教室裡大笑及哭泣的身影，都是對於原生家庭無力的控訴。

有時，在親職講座中談起這些孩子，我總忍不住一陣哽咽。我才明白，那是

一種遺憾。遺憾的是我未能在那當下，發現他的異樣；遺憾的是我並沒有勇氣，向他們的爸媽陳述我所看到的孩子內心的傷痛。

孩子的問題多數源自於他們的生活環境。當孩子離開我們的視線後，就會快速被原生家庭的問題和混亂世界的誘惑所淹沒。老師在班上獨自拉著孩子，若沒有加入家長的力量，孩子的改變將無法延續而發揮作用。

別讓家長成為老師的敵對力量，否則最後受傷的還是老師自己。**若我們著眼在「心疼這孩子、想多幫這孩子一些」的想法，就必須把家長拉到和我們同一陣線上**。

請傳達給家長「我想好好幫助這孩子」的真切心意。感動您的家長，給予他們在家中適切可行的建議，串聯親師生三方彼此，才會是真正的改變！

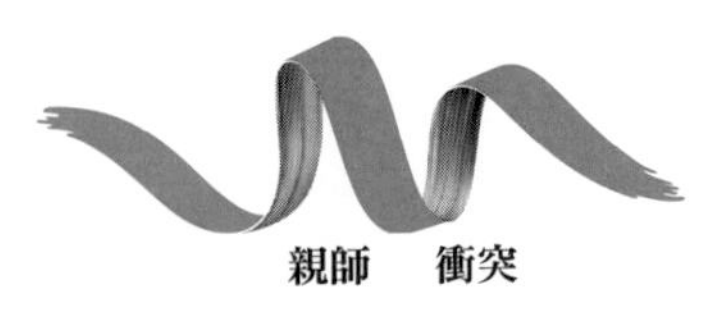

親師座談會讓老師焦慮不已

——5個技巧，讓座談會更加分

家長們可能不清楚，每學期定期舉行的親師座談會，對於老師們而言，往往是一大壓力來源。

還記得在部落格盛行的年代，我曾經開放讓老師們索取親師座談會的簡報，結果信箱瞬間被數百封來信所淹沒。

不久前，一位久未見面的學妹來訊，希望我能分享下學期的親師座談會簡報供她參考，因為她剛從行政職務回歸帶班導師。

我感到訝異極了。因為即便擁有二十多年教學經驗的她，在寒假期間就開始著手準備下學期的親師座談會，足見她內心的焦慮感破表。

親師座談會之所以令人深感壓力，是因為老師面對未曾謀面，或是尚未建立信任關係的家長，實在是不知道要談些什麼，或是該如何呈現。

有些老師也擔憂無法即時回應家長們的提問，因此會提前準備好分享的資訊，希望藉此讓家長們理解老師的教育信念、教學風格及教室規範，以消弭家長內心的疑問與不安。

不過，對我而言，親師座談會只是形塑良好的第一印象，建立彼此信任關係的實體聚會。

真正有效的親師溝通，應該是落實在每天的簿本批改裡、在班級網站的發文中、在社群媒體的每個私訊裡……在每一次親師接觸的瞬間，建立教師專業形象，並正向溝通以疏通可能的歧見，避免家長們累積過多情緒而到親師座談會當天才大爆發。

為每學期的親師座談會，定調一個主題

我習慣為每一學期的親師座談會定調一個特定主題，例如第一學期的主題為「相見

歡」，第二學期是「成長型」，第三學期是「學習力」，第四學期是「幸福感」，並從主題中延伸出各項的溫馨活動。

例如在第一次的親師座談會，為了與家長充分溝通我個人的教學理念，因此會**事先製作簡報、印製講義，並附上個人經歷、簡介，以增加教師的專業形象**。

目前網路上已有相當多熱心的老師釋出親師座談會的多種簡報範本，也有諸多活動規劃可供參考，老師們只要動動手指頭，應該都搜尋得到。

其次，現場布置不妨動點巧思，使之更為溫馨。例如在家長陸續抵達前，播放輕柔的背景音樂，以及學生活動照片集錦；教室打掃乾淨，將桌椅排成面對面的環形，營造能夠充分互動的舒適氛圍；備有茶點、水果、飲品，供家長享用；布告欄張貼學生的優秀作品，並設置寒暑假作業、小書創作展區，或交由全班學生來進行個人學習成果的布置。

除此之外，也可以留意一些小技巧，讓親師座談會的進行更加分：

1保有個別需求的彈性：當家長提出孩子的特定需求時，例如希望取消某項作業書寫。我會評估孩子的具體學習程度，考慮替代方案，或安排學生當天在學校就提前完成。

2邀請樁腳家長炒熱氣氛：邀請與老師關係良好、性格樂觀開朗、正向思維的家長，多與老師互動，以營造現場歡樂的熱烈氛圍。

3提供話題，促進討論：引出家長普遍關心的問題，如學業升學、提升寫作技巧、考試準備方法等，也鼓勵家長之間的經驗交流，以增加帶著滿滿收穫回家的參與感。

4安排充足的一對一談話時間：許多家長期望能更深入了解自己孩子的學習狀況，因此我會安排一些小活動，例如讓家長寫卡片，鼓勵孩子的小驚喜，讓先完成的家長可以與老師對談，同時也確保有充裕時間，能與每位家長進行個別談話。

5以正向語言進行對話：若孩子在學校有些狀況，**老師不要急著告狀，而是先談及我們眼中孩子的優點，然後再輕描淡寫地提到一些提醒與建議**

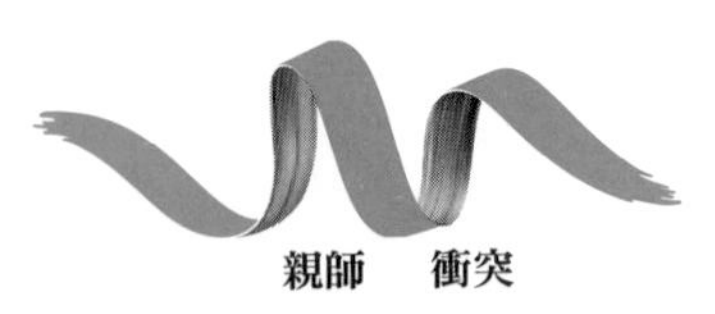

即可。畢竟來日方長，孩子的問題也不是一時之間就能夠說清楚。若需要進一步深入討論，可以留到會後當其他家長離開後再進行，或安排另一時間，進行電話溝通。

◆◆◆

我總是以同理心來思考親師座談會的存在意義，其實親師座談會就是協助親師之間更能夠達成一致性的觀點。

願意前來參與親師座談會的家長，大多數都是關心孩子、願意敞開溝通大門的優質家長，因此我也希望每一位出席的家長，都能夠得到他們的答案以及滿滿的收穫。如此，老師獲得家長們的高度認同與信任，帶起班級來，也能更加順利且圓滿。

如何與家長分享學習觀？

——6大面向，與家長一一晤談

這一屆的家長們向心力十足，共有二十多個家庭前來親師座談會相聚。本想家長們應該都忙，所以預計只花半小時聊聊天就好。殊不知老師實在太長舌，還是自顧自地開講了快一個小時。

這次親師座談會的主軸定調在「學習力」，我花較多時間在討論家庭作業的書寫，以及這些作業所蘊含的深遠學習意義。

期盼透過這樣的溝通，**使家長理解到作業不僅僅只是寫完而已**，更重要的是，**如何透過作業撰寫的歷程，孩子們能夠培養與提升他們的學習能力。**

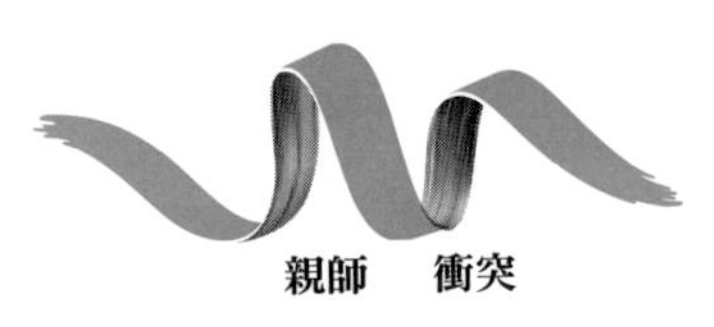

一、關於寫作

首先是短文的寫作，感受到班上孩子在長時間寫作的進步，除了語文能力的提升，更感受到孩子們在心性上變得柔軟，且富有同理心。

但我也看到有些孩子的短文簿裡，有被要求全部擦掉、重寫的痕跡，或出現過於成熟的大人口吻。我感謝家長及安親班老師的用心與配合，只是我擔心這份作業會成為孩子心中畏懼或厭惡的作業項目。

我自己是一位父親，有時候內心也會湧現一種「別的同學都做得那麼好，我是不是應該要來好好要求小孩」的焦慮感。但是我請家長們別生氣、別急著擦掉作業，只要交給老師處理就好。班上有訂定相關的獎勵制度，我也會適時要求孩子們的寫作技巧。

我相信寫作能力的培養，不是單靠每學期四篇作文就能提升，而是透過每日且大量的書寫，讓孩子將腦中訊息流暢地化為文字書寫。

同時，短文的寫作，不在於要求優美的寫作結果，而是一種思考的訓練過程。我們大人過度的要求，或植入大人的想法，會剝奪孩子建構思辨能力的學習歷程。在此，分享爸媽在家裡可以如何指導孩子寫作的相關策略：

1 **別生氣，別擦掉**。寫不好，交給老師處理就好。
2 別太要求孩子要寫得頭頭是道，寫得文詞優美。
3 **看到寫得不好的句子、錯字，先忍住，別挑錯**。
4 **正向引導，用力讚美優美字句及有情感的文字**。
5 若寫作仍未觸及核心，口語引導孩子看見事情背後的深層啟示，再讓他們在文末補上幾句感想。
6 閱讀優良作品、書籍。
7 先求量的提升、思考的流暢，再求質的躍進。
8 大人也參與寫作，和孩子一同用文字交心。

關於第八點，有家長提問：「請想問老師，建議家長參與寫作的方式有哪些呢？」這真是一個很好的問題，我試著提出一些建議：「可以進行溫馨的『親子交換日記』，在同一本日記裡共同分享心事；或是家長和小孩各自寫日記，同一件事情有兩種不同觀點，孩子一定覺得很有趣。寫臉書也是一種方式，家長每日認真寫書並記錄生活感想，孩子會學習到爸媽的用心與陪伴。」

二、關於閱讀

關於閱讀，我分享一張照片，那是前幾天在班上的晨光時間所拍攝，不過我驚訝發現：才一個學期的持續要求，班上的孩子已經能自動自發地閱讀，享受在晨讀的樂趣中；甚至晨光時間已經結束，還有不少孩子仍專注在閱讀世界裡。更有不少孩子告訴我，他們正在閱讀文字量極大且較有深度的書籍。

班上的晨光時間，每天只做晨讀活動，為的就是讓孩子們能每天保有一段不受打擾的閱讀時間。要讓孩子喜歡上閱讀真的不難，簡單來說，就是每天留一段完整時間讓孩子閱讀，以及讓他們待在閱讀文本來源充足的環境裡。

我邀請班上閱讀量極大的孩子的媽媽，和其他家長分享如何讓孩子有充足的閱讀時間、如何善用圖書館資源、如何進行閱讀認證……聽完後，大多數家長都十分有共鳴。

三、關於數學

在班上，我特別重視數學學習，因為**多年的教學經驗告訴我，在國小階段，當孩子喜歡數學、在數學科目上表現較好，他們會對學習有自信，覺得自己是可以讀書的**；但若數學能力較差的孩子，會對學習有所抗拒與畏懼，對學習興趣缺缺，會覺得自己不是讀書的料。

在班上仍是著重於錯誤訂正的要求，不管是作業或考卷，都需要留下錯誤的答案，甚至必須進行前後比對，寫下為何錯誤的原因或較為正確的算式。

班上大多數的簿本或考試，主要登記的是訂正次數的分數，而非考出來的分數。這是因為有些孩子在安親班已進行過同樣練習卷的書寫，我希望的是孩子能確實弄懂、看懂自己為何算錯，更勝於反覆練習、強記後所獲得的高分。

四、數位學習

從上學期中開始導入各種數位學習平台，包括：均一教育平台、PaGamO、學習吧、因材網，目前已經看到孩子們呈現不同的差異化學習。

而這幾天更發現，我才剛上完第一單元，有些孩子已經將數位學習平台的習題都做到第三單元了，甚至全數習題做到精熟。

我十分感謝家長們在家中的持續要求及配合。上學期末，感受到全班在數學學習上

有大幅步的躍進，因為每位孩子都在他們自己的學習步調中，接受系統的反覆施測。

我自己實施數位教學已經好多屆了。我看過**太多孩子因為科技輔助而大放光彩**。曾經有位被列入學習扶助名單內的學生，在數位學習平台的支持下，展現出極高的恆毅力。他不僅把均一教育平台上的習題全數做到精熟，在考試前，也善用PaGamO進行各學科的複習。他一步一腳印地前進，考試成績逐漸提升，到了六年級下學期，他的成績躍進全班的前五名，令所有同學都感到驚訝。

一位剛升國中的畢業學生，也與我分享了他的喜悅。他在期中考裡的數學考了一百分，並且展現出班排第一的堅強實力。

這孩子從小到大沒有補習、沒有上過安親班。隔代教養的他，身旁沒有任何的學習資源。他說真心感謝在國小時期，每天很認真練習線上數學習題。那兩年的努力，讓他建立了相當深厚的數學基礎。

在班上，我不斷和孩子溝通：聰明的學生會跑在老師的前面，而辛苦的學生是跑在老師後頭，被苦苦追趕。跑在大人要求的前面，心境上就會輕鬆很多，並且有更多充裕的時間做自己想做的事情。

五、成長型思維

這學期開始「每日箴言」的學習與落實，歡迎家長在家裡與孩子一同來學習成長型思維，用不同的觀點來觀看與學習這世界。

六、共好世代

我很**感謝班上的家長，都是用「班上孩子一起好」的視角，照顧著班上每位孩子**，而不是只看顧自己孩子的利益而已。因此，這班孩子愈來愈友愛、愈來愈溫暖。

這也是我一直以來的教學信念，總是把每位孩子都當成自己的孩子在照顧。

若我們只看著自己的孩子、極力爭取自己孩子的權利，而不管其他的孩子，那麼我們的孩子未來只會生活在一個冷漠且艱困的世界。

身為一位父親，我更期待大家都能共好。把每位孩子帶好，讓每位孩子好好地長大，我們的孩子才能在未來生活得更好！

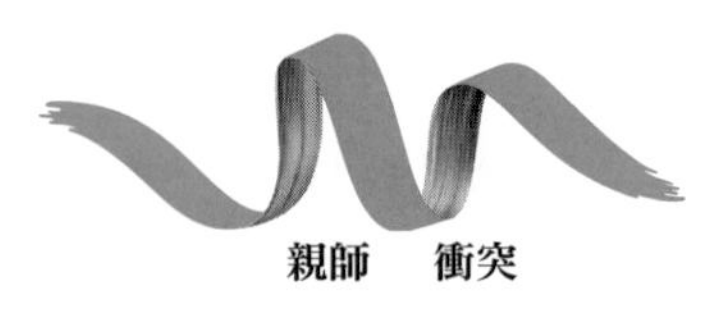

親師座談會怎麼開？

——讓家長親身感受數位學習及「成長型思維」課程

既然在班上推動許久的數位學習及成長型思維課程，我想讓家長們感受一下孩子們究竟在學校學了什麼，又是如何學習的呢？

於是，我在親師座談會時，為家長們安排一系列的體驗課程。

讓爸爸媽媽扮演班上的學生

我說：「各位爸爸媽媽，今天要麻煩大家來扮演班上的學生，我們一起來感受孩子是如何在這樣的新世代裡進行學習。」

首先，我將學校要發給每位家長的「親師座談的重要宣導單」上傳數位學習平台。這張宣導單，是集結各處室，希望老師代為轉達的事項，密密麻麻的兩大面。光念完這兩面就需要不少時間，每回只有我一個人在自言自語，現場氣氛也顯得有些尷尬。所以我請家長運用教室裡的平板，將此宣導單下載，逐項閱讀，並且在平板上畫重點，儲存畫記，再回傳給老師。

如果家長完成這個任務，老師這邊就會立即收到通知，這樣爸媽就可以為自己的孩子賺到一張獎卡。

來到現場的都是愛孩子的好爸媽，因此教室裡瞬間沸騰，家長們個個展現出高昂的學習動機。有些爸媽在操作上不太順利，身旁的孩子就化身為耐心十足的小老師，帶著爸媽逐步進行這些數位學習的操作。

第二個學習活動，是**讓家長們體會什麼是「成長型思維」**。

我將幾個成長型思維的解說影片放上數位平台，讓現場家長用教室裡的平板觀看。此時現場安靜無聲，家長們觀看影片時頻頻點頭，還一邊做筆記。

影片觀看結束後，我們做了一些討論，家長們都感受到成長型思維對於孩子學習的

重要性。

第三個活動，則是孩子們每天都在運用的均一教育平台。

我以孩子們最近遭逢的最難數學習題出了一項任務，我笑著說：「各位，這個習題，孩子們都已經完成第一級了，所以你們只要完成兩題，就可以幫孩子升到第二級了。」

但教室裡的家長們無不陷入苦戰，因為題目真的很難，家長們明顯感受到數位學習的優勢：「喔，原來這個系統只要沒答對，會不斷地出題考驗孩子。」

在這過程中，家長深刻體會到孩子過不了關的壓力，也體會到孩子需要大人們在一旁給予成長型思維的支持。

孩子給家長的祕密驚喜

最後，我拿出祕密驚喜，這是孩子們在課堂上所寫的「給家長的一封信」，感謝爸媽們一直以來用心的支持與陪伴。

我常覺得，有時候**老師若能協助孩子或爸媽做一些親子關係的修補，也會有助於整個班級運作得更為順暢**。因此在事前，我開始教孩子們如何寫一封感人肺腑、會讓爸媽噴淚的信件，例如：感謝爸媽下班後特地趕過來參加的忙碌、記得爸媽辛苦照顧自己的小故事、寫出爸媽的期望、寫下方法以回應爸媽的期待，最後再附上一句「您對我的好，我都有記在心裡喔」，以及一個超級有愛的署名。

每當我發下這些祕密驚喜時，孩子們文字裡的真摯情意，總是觸動了爸媽的心。很多家長看完後，都不禁紅了眼眶。

親師座談會結束後，一位爸爸在我的臉書寫下這些文字：

感謝老蘇老師認真地準備這次的親師座談會，讓我們親自體驗到現今數位學習的優勢。有那麼一瞬間，彷彿自己回到了小學上課的時光，也讓我深深地替自己的女兒感到幸運，能讓這麼有熱忱及想法的老師教導。

除此之外，老師也花心思讓孩子們準備了給家長的一封信。在親師座談會結束前，讀到女兒寫的信，讓我不禁紅了眼眶。

原來女兒一直記得從小到大，我們對她的付出，原來我在疲累、沒耐心時隨口說出的話，她那麼在意。

親師座談會結束後，我以最快的速度趕回家。除了向女兒道歉，也告訴她，在我心目中，她一直是最棒的孩子，也感謝她一直很努力地想達到我對她的期許。在和女兒長談後，我們更了解對方的想法，親子關係也更親密了。

我覺得，**當父母這件事，是需要不斷學習的**。我常以大人對小孩的角度來看事情，有些時候對孩子不夠尊重，沒有真正花時間去了解孩子內心的感受。

老蘇老師說，青春期的孩子已經能成熟地看待事情，所以和大人在意見不同時會發生許多衝撞。

能參加老蘇老師的親師座談會，真的是非常棒，也期許自己能持續學習，做個更稱職的爸爸。

這些回饋文字，讓我看得心裡暖暖的。

很希望透過這些活動，讓家長感受到新的教育思維，能與我站在同一陣線上一起努力。現今的家長常陷入親子教養的焦慮，因為我們無法掌握孩子的未來，我們不確定二十年、三十年後，孩子會面臨什麼樣的世界。但也**因為孩子的世界是如此瞬息萬變，當大人的我們應該去思考：什麼才是對孩子最重要、最適合的學習**。

我一直深信：與其我們內心對孩子的未來發展有所擔心，倒不如化為長時間的引導、支持與陪伴；透過這些陪伴的歷程，轉化為孩子未來所需要的終身學習能力。如此，這些終身學習、學位學習所累積的能力，才會化為未來守護他們的那道光，持續在未來為他們照耀著。

家長篇

「教育合夥人」的觀點，同樣適用於家長與老師在交流時所持的態度。

師生之間的相遇，常常是一段特殊的緣分。在小學階段，學生因年級分班通常會由同一位老師教導兩年，然而，這兩年卻可能成為孩子在學習和成長的重要養分。有些孩子在畢業之後，仍然與老師保持良好的關係，因此當孩子遭遇人生困頓時，也常常還能得到老師的協助和建議。

說真的，我自己也是一位家長，我在與孩子的老師溝通時，總是保持語氣上的誠懇，用字也十分謹慎，避免過度打擾老師或是言辭上引起的情緒波動。在自己的孩子遭逢困難時，我也會誠摯地向老師表明，引發老師的同理，給予孩子適切地協助。

其實作為一位老師，我喜歡的家長類型，是平常不會過度打擾老師，但見面時卻十分有禮、熱情，也會主動與老師互動。當我向家長提及孩子最近的狀況時，他們都很樂於傾聽，不會第一時間就幫孩子推諉、找理由，而是承諾會全力配合老師。甚至這些家長還會經常與我分享回饋：孩子最近有好的表現與進步，這些都源自於老師對孩子的啟發與引導……每回聽到這些，內心總是覺得好溫暖。遇到這類型的家長，對我而言就是很大的幸福。

若是家長遇到理念不同，或教學上較為嚴格的老師，請先不要急著為孩子抱不平，而是觀察老師對於孩子是否有其他的正向影響。

我曾聽聞我的同事分享親身經驗，她的孩子遇到比較嚴格的老師，可是她還滿感謝這位老師，因為在老師嚴格的教導下，孩子變得更加自律，在學習方面更加主動而積極。這對於孩子的心性養成，未嘗不是一件好事。

當親師溝通是以夥伴的視角出發，就不應該是互相指責，而是可以彼此受益，甚至是互相扶持的神隊友。

在與老師溝通時，盡可能就事論事，表達孩子的為難、家長的期望，共同尋求更適切的解決方法，如此才能創造一個親師生三方皆贏的和諧環境。

成績優異的孩子不斷和好友打架

——用冷漠偽裝不安，用拒絕來避免失敗的冰山男孩

開學後兩個多月，雖然感覺這班級有日益進步的趨勢，但還是發生了連續三天在下課時間共四組不同人馬的打架事件。

朋友說：「你真的是上天挑的人，每屆還會升格關卡。」

其實我覺得我的考驗已經足夠了，應該可以直接晉級，結束考驗了吧。

但說真的，有時候連我也不禁困惑：為何現今孩子的內在，會有這麼多的情緒？為何總是以拳頭作為解決事情的方法？

母子爭吵成常態

班上的冰山男孩因為和好朋友們發生肢體衝突，在學校哭得淚流滿面。雙方輔導完後，答應男孩們這件事情就到此為止。

但放學後，媽媽馬上傳來簡訊詢問：「孩子在學校發生什麼事？」

於是，我撥了電話過去，媽媽表示弟弟看到哥哥在學校哭泣，所以回家告訴媽媽。

我向家長報告事情的經過：他們這幾個死黨在下樓梯時，有人惡作劇，推打了冰山男孩，卻沒人承認，後來又因為發生口角，接著就是一打三的混亂場面。不過，事後他們故作沒事，冰山男孩下課時仍和好友們在走廊上玩到忘我……

電話那頭先是嘆氣，媽媽說孩子在家其實也是如此，總是說沒幾句話，孩子就變得不耐煩，最後總以母子爭吵作為結束。

說著說著，電話那頭的媽媽開始啜泣。

孩子的內在矛盾，總為反抗而反抗

回歸學校後，重新帶這個班級，最讓我感到困惑的是，在班上最有狀況的幾位孩子，多數都來自於高社經地位、有教養的家庭。爸爸媽媽是愛孩子的，會對孩子的失控行為生氣、會想與孩子對話，但同時都對孩子的偏差行為感到束手無策。

其實我感受到這些孩子的內在，都隱藏著極大的矛盾，內在壓抑滿滿的情緒，總是為了反抗而反抗。

我說：「這孩子的本質非常好，可以學習非常深入的事物，但我不清楚孩子的內在，為何有那麼大的負面情緒。他總是一副防備的眼神，常顧左右而言他。他畏懼困難的學習，常刻意表現冷漠的學習態度，說起話來全身都是刺……我們的對話常無法順利展開。目前他還不願意把心交給我，在他的言語和文字間，讀不到真實。

「但我也在等一個時機，一個他的心終於開始鬆動，並且願意和我好好聊聊的時間點。

「也許這次連續和好友的打架事件，是一個很好的切入點。能夠鬆開他們這個小團體的緊密連結，放下他的防備。我是用比較正向的角度來看這次的事件。」

我也提醒媽媽，孩子現在有許多的生活習慣都需要重新建立，尤其是他的講話方式，孩子會刻意用高分貝嘶吼的語氣、斷章取義、迴避問題核心，並且將話題帶往其他方向。此時，需要暫停他這種刻意引導話題的習慣，重新聚焦於我們所要討論的事件。

媽媽說她會再跟孩子談一談。

關心孩子心裡的感受，是最重要的

我問：「這次和孩子談話的用意是什麼？會不會又引發另一次親子衝突？」

媽媽呆了半晌，說不出話來，說要讓爸爸去和孩子談。

我說：「談話前，要先抓緊此次對話的目的，是要關心孩子感受？還是要分享大人的心情與感想？還是希望孩子調整情緒表達的方式？……一定要先釐清想要對話的初衷，千萬別被孩子轉移焦點，也不要對孩子的說話習慣惱怒……其實，我真的覺得先關心孩子此刻的感受，是最為重要的。

「同時，**寫作是很好的自我反思歷程，也是很好的對談工具**。但孩子現在總是以應付方式來寫作。也許我們能藉由某個衝突事件，由媽媽規定孩子多寫一些，如此才能讓他願意一點一滴地慢慢說出自己隱藏的感受。藉由他的文字，我們再從中與他溫暖地對話。」

媽媽最後在電話裡稱謝，並且說她晚點會試著再和孩子對話。

我知道，改變不會那麼快發生。

也許明天看到孩子，他身上可能還是滿滿的保護尖刺；也許對話後，媽媽還是對孩子感到束手無策；也許，我還要再等上好一段時間，才能真正閱讀到這家庭裡的故事。

雖然每天到學校都過得很「辛苦」，每天都在找方法，但我始終堅信，衝突是件好事。**從衝突中，我們看見問題，努力找方法**。在漫長的時間軸中，繼續找到孩子改變的證據；並在漫長的時間軸中，找到自己堅定的理由與力量。

表現應該非常耀眼，但卻裝作什麼都不在乎的孩子

說實話，在每一屆班級裡，或多或少都會看到一、兩位冰山男孩的身影，總是讓人為他們的表現感到惋惜。

例如小哲，一位聰明又獨特的優等生。乍看這孩子，有著帥氣的臉龐、亮眼的學業成績；各種運動項目、樂器演奏表現都十分的耀眼，是全班同學崇拜的對象。

但是，小哲的媽媽卻十分苦惱地說：「蘇老師，我真不知道該如何教這孩子。」

初接到他時，他對任何事情都興趣缺缺。這孩子鮮少花時間在考前準備上，他不願

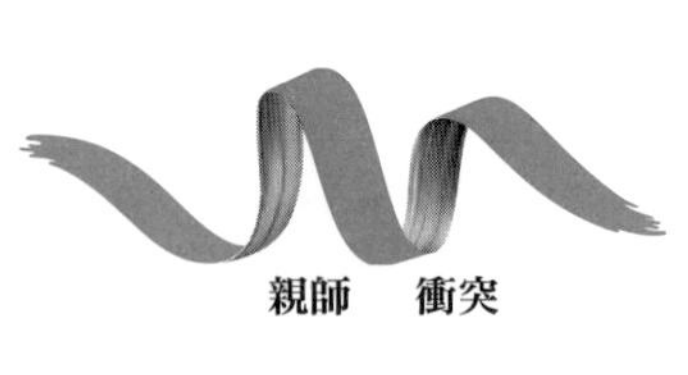

追求優異的成績；班級事務、幹部選拔他一律推辭；比賽或任何表現，他也都毫無興趣；他的朋友只有那幾位；平時臉上也看不出有開心或難過的表情，甚至比賽前，一般人有的緊張或在乎情緒，他都沒有……

這是一位照理說表現應該非常耀眼，但卻裝作什麼都不在乎、什麼都不要的孩子。我感受到小哲很不快樂，那種什麼都不要的背後會是一種什麼樣的心情呢？只要和小哲的爸媽有碰面機會，我就會和他們聊聊孩子。

小哲的爸媽表示他們並沒有給孩子太大的壓力，親子間也算相處融洽，他們不清楚小哲這樣的情緒從何而來。

我建議不妨帶他多去從事他感興趣、能激發熱情的活動，例如去看他喜歡的球賽和從事運動項目。

孩子冷漠，是因為害怕失敗

帶了這孩子一個多學期，有一天，我突然明白：原來這是一種害怕失敗的偽裝。

從小表現過於亮眼、一直是大家眼中的模範生，但是孩子心裡在害怕：有一天，如果我不再那麼優秀了，那該怎麼辦？如果認真付出後，卻得不到應有的成果，別人會不會嘲笑我？於是，這孩子開始用冷漠來偽裝內心的不安，用拒絕來避免失敗。冷漠的另一端，原來是害怕失敗的偽裝。

所幸後來，小哲開始在寫作裡釋放他隱藏多時的熱情。從只能寫下數句不帶情感的話語，到後來能長篇大論地記錄自己的心境轉變。寫到後來，每日他可以寫上數張稿紙，寫到欲罷不能。

小哲也在溫暖的班級氣氛中，開始願意釋放他真正的情緒。他終於找到和他屬性相同又志同道合的好朋友。在充滿友善與安全感的環境裡，他會大笑，也會生氣；他帶領全班感受體育競賽奪冠的喜悅；也在失敗的打擊中，勇於表現出難過、自嘲的情緒……他就只是一位過於理性、害羞、不安的孩子，也終於找到勇敢跨出那一步的動力了。

內在動機理論強調需要滿足孩子三個關鍵的心理需求：「自主性」、「勝任感」、「關聯性」。

孩子在感覺安全、不會被批評或被比較的環境中，獲得與更多與他人的「關聯性」。他明白即使失敗了，也不會被嘲笑、被指責，以至於他願意把偽裝的冷漠卸下，用真

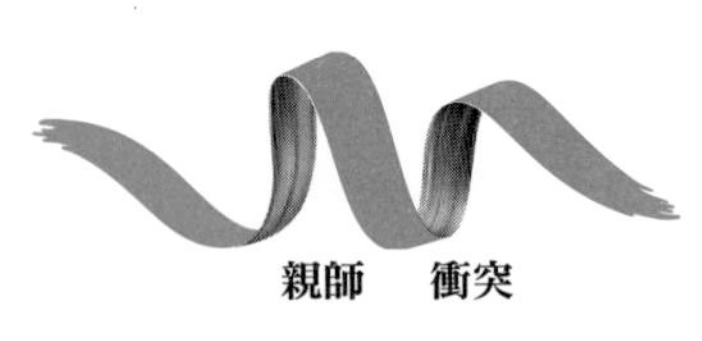

心與人交往。

小哲在畢業前說：

我要跟老師您說聲謝謝。謝謝您兩年來的教導，謝謝您為我們成立班級網站，謝謝您帶我們出去自助旅行……內心有好多好多的感謝，想要對您說。

我一定會永遠記得在我國小五、六年級時，曾經被那麼一位好得不得了的導師教過。

多年後，無意間再看到小哲所寫的文字，內心依然澎湃不已。

小哲，多年後再見到你，看你臉上充滿自信的笑容、樂於面對挫折與打擊，就深深為你感到開心。失敗經驗，是人生最珍貴的養分。擁抱自己的不完美，才能由心而生出一股謙卑的勇氣。

願你往後的人生，始終有著熱情與勇氣相伴，一路創造精采且動人的回憶！

以「三字經」問候老師

時序進入三月，雖然冰山男孩每天挑戰教室裡的規範，雖然三天兩頭就闖禍、被老師們告狀，但是時間軸拉長來看後，還是可以感受到他逐漸穩定下來，頻率減少了，暴走的強度降低許多。

只不過我還是覺得可惜，我想好好疼著這孩子的心意並沒能傳達到冰山男孩的心裡。很多次，我對著媽媽讚美冰山男孩的優點、憂心那些對立行為背後的情緒，這些話語都因為忙於處理他表層的脫序行為，而未能有機會好好對他說出口。

於是，趁著一個週三的午後，我把他拎回教室，和他聊聊我真正想對他說的話。

「嘿，為什麼昨天你又被課後托育班老師向爸爸告狀？」我從這個話題展開對談。

冰山男孩算是健談，開始打哈哈地瞎扯：「因為我對著窗戶說『我愛你』……」

繞了好多個話題後，接著我們回溯上星期發生的嚴重衝突。當時我制止他午休時發出太大聲響，他情緒上來，忍不住以「三字經」問候我。

我請他說明當時生氣的原因，我解釋身為一位導師的立場：「我可以同理你，因為我知道你很急著去球隊練球……如果我有做出不合理的處理方式，讓你感到極度不舒服，我可以跟你道歉。」

我們再三確認彼此的感受後，我提醒該讓這件事情圓滿地和解了。冰山男孩立即補上一句：「老師，對不起。」顯然，他憋很久了。

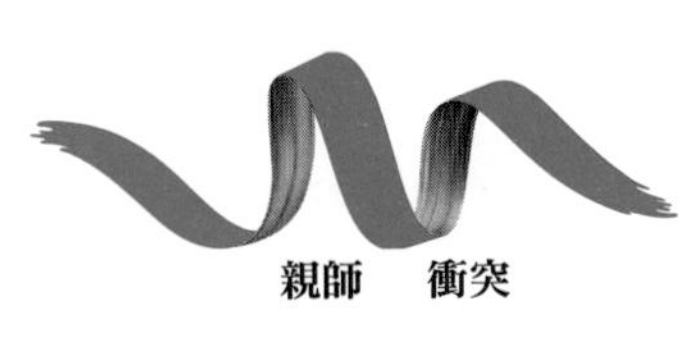

「很好哇，說聲『對不起』並不困難，其實就是這樣而已。所以，這件事情我們就可以放下了。」

冰山男孩不好意思地笑了笑。

無所謂、不想做的態度，是保護色

我接著說：「接下來這些話，是我心裡一直想要告訴你的。其實每次在和你媽媽溝通時，我並不是在告狀，我只是客觀陳述事實和經過。我告訴她，我看到你身上的優點，以及你的情緒、行為背後反映出什麼原因。總是希望你能變得更好，希望這些事情可以圓滿解決。

「我是這樣跟你媽媽說的：我曾經教過不少和你相似的學長。這些人跟你有著相似的特質，聰明、學習力很好、反應也很快；可是他們對外界有一種奇特的保護層，會故意表現出一種無所謂、不想做、很冷漠的狀態，你覺得我這樣的形容恰當嗎？」

冰山男孩簡短地回答：「恰當。」

「我跟你媽媽說：通常這種小孩，會在一學期或一年後，慢慢開始改變，會有較多的笑容、較多的熱情，會願意投入一些事情。他的世界不會只是個小圈圈，而是願意開始與很多人互動，尤其是跟女生的互動方面……」

冰山男孩露出一抹奇特的笑容。

「只要我跟弟弟吵架，被罵的永遠都是我！」

我接著說：「我再問一個更犀利的問題，先前你對很多事情總是呈現出很抗拒、很冷漠，**那是一種保護色，那是源自於害怕的情緒**。那麼，請問你在害怕什麼？害怕自己不夠好嗎？」

冰山男孩慌亂地回答：「沒有。」

我話鋒一轉：「你跟弟弟，誰最常被罵？」

冰山男孩回答：「只要我跟他吵架，被罵的永遠都是我。」這句話裡，有著淡淡的哀傷。

我說：「我小時候也有這樣的感覺，跟哥哥吵架，被罵的永遠都是我，小時候的我氣死了。而且我哥比你更狠，我哥會揍我。」

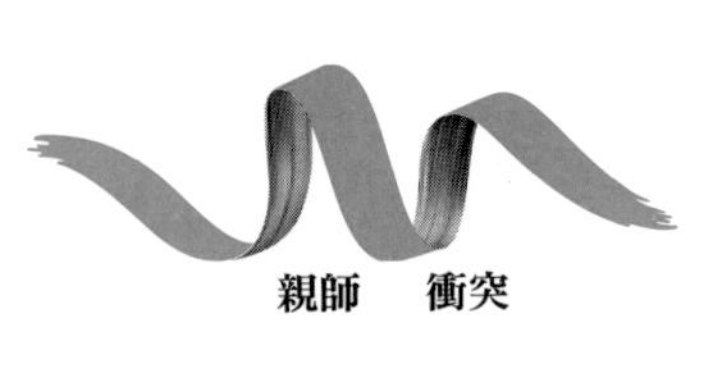

男孩附和地說：「我媽叫我要讓弟弟，但他如果嗆我，我就打他。」

我說：「因為你打他，你就被罵得更慘啊！你那麼聰明，有的是方法，你何必要出手打他呢？」

我接著說：「你在家裡，對於這些事情，你心裡都會感到很不平衡，對吧？」

男孩以幾乎聽不到的音量說：「反正有事的都是我，不會是我弟弟。」

是啊，**「手足議題」，永遠是孩子們內在情緒的最主要來源**。

冰山男孩媽媽的心意

我說：「教書很多年後，我發現只要家中有兄弟姊妹的學生，幾乎都會覺得他的爸媽很偏心。你不妨去問同學，他們都會告訴你相同的感受。

「但是你要知道，每位爸媽也都向我表示他們並沒有偏心，他們說自己很委屈。這真是很奇怪的現象。

「那天我跟你媽媽提到『偏心』，你媽媽說她也知道你心裡很生氣。她說比較起來，弟弟比較不會常做那些會被念的事情，所以每次都會念到你。她說她有努力讓你覺得不偏心，為此她還特地帶你單獨出國去玩。」

冰山男孩回答：「對呀，寒假最後一個禮拜，她有帶我出國去玩。」

我說：「那是她的努力。她希望和你好好地單獨相處。」

冰山男孩解釋：「她跟我說，弟弟不敢吃辣，所以她叫我跟她一起去。」

我說：「你看，她為了和你單獨出去玩，還煞費苦心地這麼說，好讓你能答應，她想要讓你感受到並沒有偏心誰。在那個禮拜，你有覺得很開心嗎？有好好享受和媽媽單獨相處的日子嗎？」

冰山男孩說：「沒有，我都跟在我表姊旁邊。」

我說：「厚，你都沒有好好體察別人對你的心意？想像一下，你媽媽跟你爸爸溝通，她想要跟你好好相處，所以全家拆成兩團各自出遊。現在的你，能用心體會一下這件事情嗎？」

刻意討好，反而讓自己不快樂

接著我談到「友情」這話題：「我看到眼前的冰山男孩，他的內心有很多的情緒，

因此他沉浸在一種『我什麼都不管了，我只要眼前的快樂就好』的狀態裡，總是跟那群死黨一起玩、一起闖禍，被罵也沒有關係，反正有人會挺他，那感覺很好。

「面對你的死黨，你會刻意做一些傻事，好讓他們喜歡你。如果你表現得太好，你會很緊張，例如你考了個一百分，你就會很慌亂，因為死黨們都考得很爛。

「只是，我看到你的刻意討好，反而讓自己變得不快樂。你被他們嘲笑、欺負，揶揄著『天才嘛，真了不起』……你強忍著，你覺得沒有關係，可是也經常忍耐不住，就一拳揮向你的好友們。但是我必須說，這不是正常的友情，**真正的好朋友不會做這些事情**。如果友情是建立在互相傷害的關係上，其實是很虛偽的。

「同時，我也看到你因為被稱之為『天才』，有些事情反而不太敢去嘗試。你害怕做得不好的話，就不夠優秀，沒有辦法成為人家口中所謂的『天才』；害怕別人會看不起你、不喜歡你。所以與其這樣，乾脆什麼都不去做。

「最近這陣子，我確實有感受你變得有些不同了。你會想要認真讀書，因為你心裡清楚，那些玩樂闖禍行為雖然好玩，但也十分危險。我發現把自己關起來的你，慢慢地願意打開心門，和更多人有了連結，尤其是異性，這是因為……愛情的魔力，是吧？」

冰山男孩被我說中了，有些不好意思：「沒……有……吧？」

最後，我問：「剛才我所說的內容，你有沒有覺得不太合理的地方？跟你的狀態不太一樣？」

冰山男孩回答：「沒有。」

我繼續追問：「有哪幾點說中呢？」

冰山男孩偷笑地說：「都說中了。」

心疼你讓自己迷失了許久

於是，我和冰山男孩分享我的成長故事：「從小到大，我就是一位自以為爸媽看不見我的孤單小孩。小時候的我常有很多不滿、覺得不公平的情緒……所以我完全可以同理你的心情。

「只是我必須告訴你，**當你把自己關起來太久，長大後會感覺內心有一個巨大黑洞，有說不出來的傷痛**。沒有去紓解它，它會一直尾隨著你，長期下來也會帶給你一些性格上的轉變。

「我是到了最近這幾年，重新去探索自己的內在，去療癒內心的傷痛，我終於比較能放下。」

我看著冰山男孩說：「當我看著你時，我的心裡只有心疼。心疼你把自己關起來，心疼你讓自己迷失了許久。」

冰山男孩靜默不語，不斷抹去臉上的眼淚。

你要喜歡自己，傷痛才不會一直跟著你

我說：「你一定要記住：**力量是來自於自己的心裡**。你要先愛你自己，你要願意告訴自己，自己其實還不錯，你自己要去喜歡你自己。這些傷痛，這些情緒，才不會一直跟著你。

「不要去討好別人，不要為了逃避，而委屈自己，躲進不正常的同儕關係裡。

「我曾經跟你媽媽建議，如果你可以找到一位跟你在學業表現上差不多，而且很努力讀書的朋友，你會表現得非常的亮眼，因為那才是正向的關係。我只是想對你說，我想把冰山男孩從他的殼、他所圍起來的高塔裡拉出來，拂亮他的心。他應該要閃閃發亮，他應該可以發出超級耀眼的光芒。」

冰山男孩想了想，回了一句：「好。」

「嗯，這是我這一年多來，一直想對你說的話，以後不見得會有機會說這些事情，

現在我可以安心地讓你畢業了。剛才雖然你並沒有太多回應，不過你的眼神透露出你正在思考，我的想法有傳達到你的心裡。」

這場對談歷時一個小時，該是結束的時候了。

我對著冰山男孩微微笑，說：「冰山男孩，記得一定要好好愛自己。老師愛你喔！」

冰山男孩立即回應我：「老師，我也愛你。」

「真的嗎？」

冰山男孩點點頭，說：「真的。」

我看著他，認真地說：「聽到這回答，老師真的很感動，整個內心都被你溫暖了起來！」

冰山男孩的媽媽來訊

事隔多年，晚間收到簡訊，是冰山男孩的媽媽所傳來。讀完後，我的內心百感交集。

冰山男孩的媽媽說：

孩子畢業後，總覺得沒有好好謝謝老師您。您對他們所做的點滴，其實他們都有記在心裡，化作未來準備長大的養分，以及無法形容的溫暖。現在的他，把心力全放在課業，

因為升學班實在太競爭了，臉上也多了份書卷味。

記得您跟我說，把他放在對的地方，就會有無限可能。希望現在這個選擇，讓他能好好地把心思放在學習上。他現在也嘗到分數上挫敗的感覺，這樣也是件好事。

最後，還是很謝謝老師，您是讓我很害怕接到電話的老師，怕孩子又闖禍，對您實在很不好意思。但是又覺得您是教育孩子有另外一種方法的老師，不是立即見效，但卻能讓小孩記在心裡，有一種暖暖的記憶。再次祝福您順心，教師節快樂！

看來，這是個上天降下許多訊息的夜晚，充滿濃濃和解與圓滿的味道。

我立即回覆冰山男孩的媽媽：

快別這麼說，其實很多事早就忘了。他們畢業，我心裡留下的，只有與孩子們相處的有趣回憶，以及後來他們較為努力讀書的神情。

那段時間裡，的確是有困惑的感覺，現在覺得上天真的很愛開玩笑。他們這幾個男孩從中年級開始同班，又同時來到這個班，多年同班情誼讓他們陷入極緊密的連結，以至於即使他們內心想改變，仍受到同儕煽動而選擇與大人對立。

這陣子看到冰山男孩的發文，覺得很有意思。畢業後，離開黏膩、糾纏的同儕牽絆，在升學班中，他終於可以專注於學習中，也體認到人外有人的感覺。讓孩子自己去體驗，真的比我們嘮嘮叨叨還來得有效。

放心，他不是我最頭痛的那位。在我心裡，他只是一位很抗拒被愛、偽裝漠然的孩子。那天放學時，看見校門口接弟弟的他，我們在遠方認出彼此，他朝著我笑著揮揮手，那笑容還滿帥的，很讓人放心。

教師節前夕，謝謝您還傳訊息來，讓人倍感溫暖。謝謝您！

◆◆◆

我其實早就放下了，因為我在當下是那麼地努力，且盡了全力。同時也**因為成長型思維，讓我始終向前看，看著那些隱藏行為背後的無助，看著那心中潛藏的良善**。

以至於我們終於能帶著自己、孩子，還有家長，一起穿越了濃濃迷霧，走到了這裡。

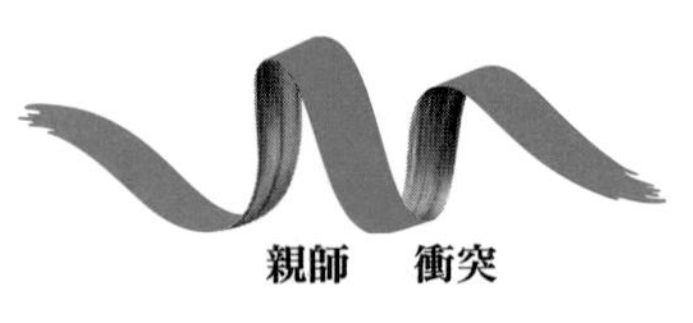

給老師的建議或做法：

1 孩子的偏差行為，都隱含著情緒。紓解內心的情緒問題後，才能改善表層的行為問題。

2 冷漠是一種害怕受傷的偽裝，要融化他們，需要大人們給予更多溫暖。

3 傾聽並同理孩子的處境，協助孩子覺察情緒來源。

4 青少年最在乎同儕的支持，可協助孩子找尋志同道合的同學，連結正向的關係。

5 用成長型思維來帶領孩子，只要每天有微小的改變，拉長時間軸來看就會是很大的進步。

6 不急著向家長告狀，平靜陳述事件經過，說出對孩子的優點稱讚，以及表達我們內心的擔憂。

7 以教師的專業，為家長釐清孩子的問題，並試著提供適切、可行的方法。

8 協助家長，改善孩子在家中的問題，就能有效改善孩子在教室裡的脫序行為。

給家長的建議或做法：

1. 手足議題，往往是孩子主要的情緒來源之一。
2. 孩子故作冷漠，代表他正在進行無言的抗議。
3. 平時不是強力維持兄弟姊妹之間的絕對公平，而是創造更多手足之間的合作機會，提醒孩子去感受為他人付出的幸福感。
4. 多留些和孩子的獨處時間。在獨處的這段時間內，為那些因擔憂與期望所帶來的情緒表達歉意；彼此擁抱，和孩子說一說心中的愛。
5. 寫作是宣洩情緒的好方法，孩子習慣書寫，才能真實且輕易地表達情感。利用特殊事件過後，協助孩子建立寫作的習慣。
6. 與老師溝通時，多感謝老師的費心指導，說聲老師辛苦了。
7. 也請老師以專業協助釐清孩子的問題來源，並請老師給予一些適切的教養建議。

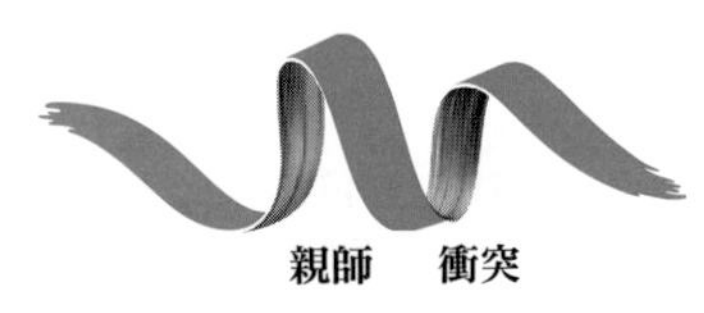

隱形版爸爸和求好心切的爸爸

——讓孩子將心裡話，用寫信方式告訴爸爸媽媽

女孩說：「老師，我有寫信給爸爸和媽媽喔！」

「太好了，那是寫在同一張信紙上，還是分開寫呢？」

「寫在同一張信紙裡。」

我說：「如果分成兩封信會更好。寫給爸爸的話就送給爸爸，寫給媽媽的話就送給媽媽。否則爸爸只會叫媽媽去看信，媽媽也只會叫爸爸去看信而已。」

不寫作業的女孩

這回到家幾乎不寫作業的女孩，竟然難得在學校想完成「寫給爸媽的一封信」祕密任務。我表達肯定她的心意，而她微笑說想回座位，繼續完成信件。沒多久，她又跑來告訴我，她想要分成兩封信。

我看著她重新謄過的信紙，上半截打算給媽媽，下半截給爸爸。我本來想給她兩張信紙，不過看她寫得那麼開心，我就讓她繼續完成它們。

「可惜我爸爸、媽媽不能來學校開親師座談會，我媽媽要工作到晚上十二點。」女孩還是平時那緩慢的、文化刺激低、詞彙不深的語調，只是此時多了某些哀傷。

其實我知道，這家中還有一位隱形版的爸爸。

女孩和媽媽都曾說過這爸爸平時沒工作，賴在家，什麼事都不做，也鮮少負起照料小孩的責任。媽媽總是工作到深夜。女孩每天回家，就像消失在百慕達三角洲一般，隔天又無精打采的、什麼作業都沒寫的回到學校。

我只能安慰著女孩：「沒關係，隔天回家，你再把信拿給他們就好啦！」

突然她問我：「老師，那我可以要兩個信封嗎？」

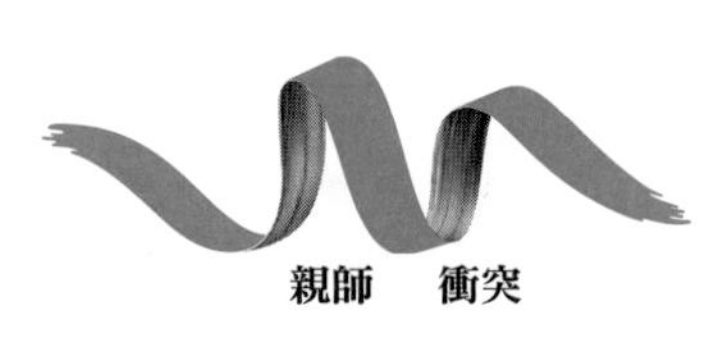

於是，女孩開心地選了兩個信封，在信封上畫了她最愛的動物插畫。這兩封信裡頭，藏著她最深的心意。

「隱形版爸爸」出現了?!

晚上七點多，我等著家長們走進教室，突然一聲興奮地呼喚：「老師，我來了。」

「喲，你怎麼來了？」我驚訝地問著女孩。

「因為我叫我爸爸來參加親師座談會！」

天啊，我想揉揉眼睛，那位就是傳說中的隱形版爸爸嗎？這爸爸個子不高，臉色相當沒元氣且沒自信，一進教室，也沒打招呼，就坐在女孩座位上發呆。

於是，滔滔不絕的親師座談會開始了，我開講了一個小時，又是情緒管理、同理心、成長型思維和數位融入各科教學，幾乎把親師座談會當成了親職講座。

女孩的爸爸，恰巧坐在我面前。他空洞的眼神，想必他覺得困惑此時他為何坐在這裡。但慢慢地，他也會瞧著賣力開講的我；有幾次的瞬間，我發現他在微微點頭，有時操作著女孩的小平板和「學習吧」網站，有時望著坐在一旁的女兒，不發一語。

會後，我刻意走向這位爸爸，我發現他滿臉緊張，我說：「女孩她很有畫畫的天分。」

這爸爸急忙補上：「她其實各方面都還不錯，只是不愛讀書而已。」

我知道，這爸爸怕我告女孩的狀，自己先慌亂地解釋了許多。

喚醒「隱形版爸爸」對教養的愛與責任

我說：「只是覺得很可惜，也為她感到焦慮，因為學習是一層一層疊上去。以前沒學好，現在再追就辛苦了。像今天我教她數學，她很想弄懂，但因為之前放棄太久，要補的東西太多，所以很難在短時間內補上。而且再一年就要升國中了，此刻放棄學習，升上國中會更辛苦的。

「我覺得剛才介紹的是很棒的數位學習平台，可以從三、四年級的數學著手補救，但因為之前她拿小平板回家都在網路上閒晃……如果爸爸能陪伴她好好運用這平台，就會對她有很大的助益……」

我說了很多，這爸爸也回應並附和我的說法。

我想傳達善意給予這位爸爸，喚醒他對小孩教養的愛與責任，並且試著給予一些建議。

最後，這對父女稱謝離去，我臉上也帶著一抹淡淡的微笑。

我沒想到，一封信的力量如此強大，也沒想到，孩子的呼喚，可以把爸爸拉出來。更沒想到，**平時看似對孩子置之不理、放任小孩的爸爸，內心其實也有愛，也會擔憂，也會無助，也需要教養孩子的方法與建議**。

把愛引導出來，讓愛如漣漪流轉而出，也許就能帶來一連串微小且迷人的改變。

女孩充滿憤怒情緒的信

前幾天的短文寫作，主題是「寫給爸媽的一封信」。用意是希望孩子能向爸媽傳達心裡的溫暖話語，聯繫他們親子間的感情。

不少孩子寫出感人的文字，以及許多我所不知道的故事。例如：雙親在中國工作的男孩，寫下「爸媽，我想您們了！」的結語，讀來特別讓人揪心。

而女孩的這封信，字裡行間倒是充斥著許多情緒，令我有些訝異：

爸爸，我不喜歡你老是拿我和別人比，因為感覺好像我都比別人差。像是寫短文，你每次都說：「多寫些，其他同學都寫得比你多！」例如數學線上學習也是一樣，你也常說其他人做的習題數都比我多，好像我一定要做得比別人多才行。當下，我心裡就在想：「我想慢慢來啊！為什麼不能慢慢來呢？」所以，爸爸，你可以不要拿我和別人比嗎？

爸爸，我不喜歡你假裝知道我在想什麼。像你每次都說：「你寫作業這麼慢，是不是都在想：作業寫慢一點，就可以不用洗碗了。」可是，我就只是寫字寫得比較慢而已啊！

女孩寫到這裡就停筆了。事實上，爸爸前一天在聯絡簿裡註記：「短文她有寫，但不肯給我檢查。」

先前與前任導師以及與爸爸的對談，知道女孩內心裡有著「與弟弟爭寵」的議題。她對母親寵溺弟弟並對她的漠視，常感到忿忿不平，因此她變成一位不快樂的孩子，在班上與同學多有爭吵。

爸爸愛她、關心她，全力扮演著承接她負面情緒與指導她學業的角色；然而她容易分心的個性，也經常成為父女間衝突不斷的來源。

每屆班級裡，總會看見好幾位這樣的孩子，感受到爸媽的偏心對待而內心受傷的孩子。

事實上，**自認被爸媽偏心對待的議題**，若沒有及時修正，反而會隨著孩子逐漸長大，**轉化成各種如逃避退縮、冷漠無動機、暴躁易怒的表層行為**。

我自己就是如此，童年裡的被忽視與孤單，長大後化為缺乏自信與安全感的性格。直到這些年，我才有辦法正視被封印的心，試著療癒內在那位遍體鱗傷的小小自己。

但奇妙的是，每當我轉述孩子的想法時，往往他們爸媽都說自己對待每一位小孩一視同仁，他們的內心也有著說不出的苦。包括這位爸爸，這麼用心指導孩子，卻換來孩子的控訴，想必一定很受傷。

可以的話，我會想協助孩子改善與爸媽的溝通方式。我也希望家長們可以感受到孩子內心懂事、貼心的一面，拉近親子間的心靈距離。

女孩在信裡，多寫了一段給爸爸的文字

我猜這位爸爸應該會看見這篇文章，然而文章若停留在指責的段落裡，只會帶來感情的撕裂，而非關係的修補。

我向女孩建議：「這兩段文字裡，你勇敢地寫下了自己的『不喜歡』，我相信你爸爸會修正對待你的方式。但是我覺得他讀完後，應該會很難過，就我所知，他其實是如此愛你、如此用心地照顧你，例如他總是帶著你去賞鳥，教你認識大自然的一切……所以

你要不要鼓勵爸爸，說一說你喜歡他什麼，讓他看完後，也會有一些正向的感動呢？」

女孩想了想，點點頭，於是又回去補了一段文字：

但是，我也喜歡你帶我去賞鳥。因為那時你會鼓勵我把鳥的照片拍好，還會教我如何使用相機的功能。回到家時，你還會陪我一起看鳥類圖鑑。所以我很喜歡你，喜歡你陪我去賞鳥，和我一起分享喜樂！

我說：「加了這段後，讀完就覺得心裡暖暖的。如果我是你的爸爸，一定會開心：『原來孩子都懂，明白我是如此用心陪伴她與教導她的心情。那麼，我也要來好好修正，學習該如何好好得說話。』」

我批上兩個「可念」，這可是在我們班上短文寫作的一大殊榮。

女孩笑了笑，蹦蹦跳跳地回去座位。

身為一位爸爸所承受的擔心與矛盾，我其實都懂。下次親師座談會時，再來找時間和這位爸爸聊聊。

我也在短文後刻意留下一段文字：「不同的視角，會對事情有不同的看法。爸爸的擔心，也是一種愛的表現啊！」

希望這位爸爸看到女孩的文字後，能有所觸動；也可以學習把出自擔心的指責，化為一種正向的支持力量。

過了幾天，女孩的短文簿裡，再度出現一篇篇的賞鳥日記。日記裡沒有對大人的過多指責，而是她和爸爸在大自然裡玩得好愉快的身影。爸爸忙著拍照，而她在大自然裡開心地探索與追逐……

讀完後，我微微笑，有什麼能比孩子的笑容還來得更加動人呢？

媽媽泛淚：「當年我們對待孩子的方式，是不是錯了？」

——用「教養學習單」取代「教養成績單」

下班後，我和小蘇姑娘父女兩人相約去超級市場買菜，卻意外遇見小青的媽媽。

自從小青國小畢業後，我和她的媽媽就再也沒見過面，此時再碰面，我們各自都顯得有些意外。簡單寒暄幾句後，我原本打算告辭，去追已經不知道逛到哪裡的小蘇姑娘。

小青的媽媽卻突然冒出一句：「蘇老師，真的要謝謝你。」

「謝謝你在小青國中、高中時那段過不去的日子裡，一直在一旁協助她，為她打氣、加油。」

我有些驚訝。原來，小青的媽媽都知道。

成績不理想就哭……

我還記得，國小時的小青，個性外向、開朗、聰慧、多才多藝，是學校裡的風雲人物。她來自於生活無虞的高社經地位家庭，擁有眾人稱羨的幸福人生。

但當時高年級的小青，卻發生一些令我擔心的事情，例如：每回拿到不理想成績時就會開始哭泣、放學後不敢回家、考試作弊、撕毀同學的作業簿，有時還會在班上沒來由的大笑，無法自制……

當時的我，內心總是感到納悶：這麼好的孩子怎麼會有這些問題行為？

不過，這些行為全指向一個方向：她來自於一個過度重視考試成績的家庭。

小青升國中後，有一回我在網路上與她相遇。我們聊了許久，她才告訴我當時她過得並不好。

隨著課業愈來愈難，小青的課業成績逐漸下滑，但只要回到家，她就要面對父親極為難堪的羞辱與處罰。無法面對沉重的壓力，導致小青心理崩潰。患有憂鬱症的小青，曾經有數次崩潰、失控，嚇壞學校及同學，也經常出現自殘行為……

小青在電腦那端，若無其事地說著自己的現況，聽得我好心疼。

課業壓力導致的家庭炸彈

於是，每當她又過不去時，我會找她出來吃飯、聊聊天，有時則在網路上與她長談。

這樣幾年陪伴下來，後來她考上一所不錯的大學，讀著自己喜歡的科系，這個課業壓力導致的家庭炸彈才終於稍微解除。

沒想到這些年默默陪伴小青的過程，她的媽媽都看在眼裡。

我只能打哈哈地帶過：「也要謝謝她信任我，願意找我聊。」

突然，小青的媽媽話鋒一轉，說：「現在有時候，我和小青的爸爸在聊天時，都會很感慨地互問對方：當年的我們，是不是做錯了？」

才說完這句，小青的媽媽瞬間紅了眼眶。

「當年的我們，總有無數的擔心，只要小青表現失常，或是課業成績不理想，我們就會覺得她不夠積極，反而對她更加嚴厲。我們以為這就是為她好，但是這也造成了她內在沒自信、總是高標準地要求自己。一遇到過不去的挫折，就會習慣性地崩潰或自殘……

「像現在上大學了，只要課業壓力大，或是教授對她說了什麼，她又會陷入負面的憂鬱狀態裡。

「其實真的不是想把她綁在身邊，而是怕她在外地又做了傻事，該怎麼辦？」

小青的媽媽眼角泛淚地說：「當年的我們，是不是做錯了？」

這語氣輕到不知是說給我聽，還是說給她自己聽的。

我只能**鼓勵小青的媽媽：現在都為時未晚，但父母願意看到自己的問題、修補親子關係，用愛和同理來陪伴孩子，一切都還來得及**。

我從未想過，這些故事在多年後竟然又串聯在一起。這次與小青媽媽的不期而遇，帶給我更多的感觸與深思。

在最近的每一場演講中，只要有機會，我都會對著台下的爸媽說：「請別再用孩子的成績和表現，來當作家長自己的『教養成績單』。」

用「教養學習單」取代「教養成績單」

身為家長的我們，難免在孩子的成長過程中，對自己的教養做法感到困惑或焦慮。那是因為當孩子成績表現不理想時，我們就會以此來評斷自己的教養觀，或是以此來預判孩子的未來。

但不該是這樣的，孩子未來的發展，真的不是現在的我們所能預期。我教過太多孩子，那些在未來發展很好的孩子，都不是在小時候學業成績最頂尖的孩子，而是有父母一路溫柔而堅定、用心陪伴的孩子。

可以的話，請用「教養學習單」的成長型思維，來取代「教養成績單」對自我的嚴苛評價。

孩子在每個階段的表現，不管好或不好，都是孩子帶給我們的學習挑戰。

當我們好好地思考，好好地寫著學習單，我們和孩子就能在這些生命的課題中，學習傾聽，學會謙卑，學到更珍貴的人生道理。

【新書簽講會】

《親師衝突——如何溝通？達成親師生三贏》

蘇明進（老ㄙㄨ老師）著

台中場
日期：2024/05/19（日）
時間｜14:30-15:30
地點｜誠品台中園道店3樓閱讀書區（台中市西區公益路68號）

新竹場
日期：2024/06/15（日）
時間｜14:00-15:30
地點｜TSUTAYA BOOKSTORE 新竹湳雅店 書店大階梯（新竹市北區大雅路88號b1）

洽詢電話：(02)2749-4988
＊免費入場，座位有限

國家圖書館預行編目資料

親師衝突：如何溝通？達成親師生三贏／蘇明進著.——初版.——臺北市；寶瓶文化事業股份有限公司,2024.05
面；　公分,——（Catcher；114）
ISBN 978-986-406-411-3（平裝）
1.CST: 家庭與學校 2.CST: 親師關係 3.CST: 溝通技巧 4.CST: 衝突管理
521.55　　113004929

Catcher 114

親師衝突——如何溝通？達成親師生三贏

作者／蘇明進（老ㄙ×老師）
副總編輯／張純玲

發行人／張寶琴
社長兼總編輯／朱亞君
主編／丁慧瑋　編輯／林婕伃
美術主編／林慧雯
校對／張純玲・陳佩伶・劉素芬・蘇明進
營銷部主任／林歆婕　業務專員／林裕翔　企劃專員／李祉萱
財務／莊玉萍
出版者／寶瓶文化事業股份有限公司
地址／台北市110信義區基隆路一段180號8樓
電話／(02)27494988 傳真／(02)27495072
郵政劃撥／19446403 寶瓶文化事業股份有限公司
印刷廠／世和印製企業有限公司
總經銷／大和書報圖書股份有限公司　電話／(02)89902588
地址／新北市新莊區五工五路2號　傳真／(02)22997900
E-mail／aquarius@udngroup.com

法律顧問／理律法律事務所陳長文律師、蔣大中律師
如有破損或裝訂錯誤，請寄回本公司更換
著作完成日期／二〇二四年三月
初版一刷日期／二〇二四年五月
初版二刷日期／二〇二四年五月十三日
ISBN／978-986-406-411-3
定價／四三〇元

寶瓶文化·愛書人卡

感謝您熱心的為我們填寫，對您的意見，我們會認真的加以參考，
希望寶瓶文化推出的每一本書，都能得到您的肯定與永遠的支持。

系列：Catcher 114 書名：親師衝突——如何溝通？達成親師生三贏

1. 姓名：＿＿＿＿＿＿＿＿ 性別：□男 □女

2. 生日：＿＿年＿＿月＿＿日

3. 教育程度：□大學以上 □大學 □專科 □高中、高職 □高中職以下

4. 職業：＿＿＿＿＿＿

5. 聯絡地址：＿＿＿＿＿＿＿＿＿＿＿＿＿＿

聯絡電話：＿＿＿＿＿＿＿＿＿＿

6. E-mail信箱：＿＿＿＿＿＿＿＿＿＿

□同意 □不同意 免費獲得寶瓶文化叢書訊息

7. 購買日期：＿＿年＿＿月＿＿日

8. 您得知本書的管道：□報紙／雜誌 □電視／電台 □親友介紹 □逛書店 □網路 □傳單／海報 □廣告 □瓶中書電子報 □其他

9. 您在哪裡買到本書：□書店，店名＿＿＿＿＿＿＿＿ □劃撥

□現場活動 □贈書

□網路購書，網站名稱：＿＿＿＿＿＿ □其他＿＿＿＿＿＿

10. 對本書的建議：＿＿＿＿＿＿＿＿＿＿＿＿＿＿

＿＿＿＿＿＿＿＿＿＿＿＿＿＿＿＿＿＿＿＿

＿＿＿＿＿＿＿＿＿＿＿＿＿＿＿＿＿＿＿＿

＿＿＿＿＿＿＿＿＿＿＿＿＿＿＿＿＿＿＿＿

11.希望我們未來出版哪一類的書籍：

（請沿此虛線剪下）

讓文字與書寫的聲音大鳴大放

寶瓶文化事業股份有限公司

亦可用線上表單。

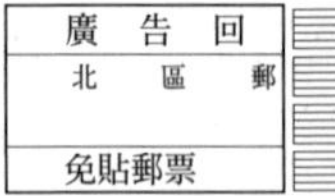

寶瓶文化事業股份有限公司收

110台北市信義區基隆路一段180號8樓
8F,180 KEELUNG RD.,SEC.1,
TAIPEI.(110)TAIWAN R.O.C.

（請沿虛線對折後寄回，或傳真至02-27495072。謝謝）